_____ 님의 소중한 미래를 위해

이 책을 드립니다.

영어
1등급은
이렇게 공부한다

★ 영어 없이
좋은 대학 없다 ★

영어
1등급은
이렇게 공부한다

정승익 지음

메이트북스

메이트북스

우리는 책이 독자를 위한 것임을 잊지 않는다.
우리는 독자의 꿈을 사랑하고,
그 꿈이 실현될 수 있는 도구를 세상에 내놓는다.

영어 1등급은 이렇게 공부한다

초판 1쇄 발행 2019년 2월 7일 | 초판 7쇄 발행 2022년 3월 4일 | 지은이 정승익
펴낸곳 ㈜원앤원콘텐츠그룹 | 펴낸이 강현규 · 정영훈
책임편집 안정연 | 편집 오희라 | 디자인 최정아
마케팅 김형진 · 서정윤 · 차승환 | 경영지원 최향숙 | 홍보 이선미 · 정채훈
등록번호 제301-2006-001호 | 등록일자 2013년 5월 24일
주소 04607 서울시 중구 다산로 139 랜더스빌딩 5층 | 전화 (02)2234-7117
팩스 (02)2234-1086 | 홈페이지 matebooks.co.kr | 이메일 khg0109@hanmail.net
값 15,000원 | ISBN 979-11-6002-208-7 (43740)

이 도서의 국립중앙도서관 출판시도서목록(CIP)은 e-CIP홈페이지(http://www.nl.go.kr/ecip)에서
이용하실 수 있습니다.(CIP제어번호 : CIP2019001525)

배움은 우연히 얻어지는 것이 아니라
열성을 다해 갈구하고 부지런히 집중해야 얻을 수 있는 것이다.

· 애비게일 애덤스(여성 운동가) ·

영어 공부 잘하는
방법은 따로 있다

대한민국은 영어 교육 열기로 가득하다. 하지만 우리의 영어 실력은 그 열기만큼 대단하지 않다. 우리는 매년 영어 사교육비로 막대한 비용을 지출하면서도 '영어 실력은 몇 개국 중에서 몇 위에 불과하다'는 식의 성적표를 받는다. 왜 우리는 영어를 못하는 걸까? 대한민국에서 영어를 못한다는 것은 2가지를 못하는 것이다.

- 수능으로 대표되는 한국형 영어 시험에서 낮은 점수를 받는다.
- 영어 회화가 안 된다.

우리의 영어 실력이 형편없다는 것은 주로 두 번째 경우를 말한다. 영어 시험에서 높은 점수를 받아도 영어로 하고 싶은 말을 제대로 못하기 때문에 우리는 영어 실력이 낮다고 평가된다. 서점의 책장을 가득 채우고 있는 영어 공부법 관련 서적들은 하나같이 우리의 영어 교육을 비판하면서 시작한다. 지금까지 여러분이 받은 문법 중심의 영어 공부로는 영어로 말 한 마디도 제대로 할 수 없기 때문에 지금이라도 제대로 된 영어 공부를 시작해야 된다는 식이다. 그들은 영화와 미드를 보면서, 때로는 회화책을 통째로 외워서라도 영어 회화 실력을 갈고 닦을 것을 요구한다.

그런데 과연 영어 회화가 우리의 영어 공부의 진정한 목표일까? 이 책을 보고 있는 여러분이 중학생, 고등학생 또는 그들의 학부모라면 지금 가장 큰 고민이 영어 회화인가? 아마 아닐 것이다. 대한민국에서 태어나서 초등, 중등, 고등학교를 한국에서 보내는 학생들에게 가장 큰 고민은 '영어 시험'이다. 1년에 4번 실시되는 중간·기말고사, 그리고 고등학교에서 치르는 수능이라는 시험이 그들의 가장 큰 고민이다. 원하는 시험 성적을 받지 못하는 학생들은 영어 회화를 공부할 여유가 없다. 당장 단어를 외우고, 문법을 공부하고, 문제를 풀면서 시험 성적을 올려야 한다.

지금까지 학생들의 이런 진짜 고민을 해결하는 책은 거의 없다시피 했다. 초등학교에서 어떻게 영어 공부를 해야 하는지, 중학교에서 시험 성적이 안 오르면 어떻게 해야 하는지, 고등학교에서는 또 어떻게 공부를 해야 하는지에 대한 정보를 담은 책이 없었다. 그래서 학생들은 수험 정보를 담은 온라인 카페에서 겨우겨우 영어 공부법과 관련된 정보를 얻곤 했다.

이 책은 대한민국에서 태어나서 평범한 학교생활을 하고 있는 초·중·고등학생들과 학부모들을 위한 책이다. 영어 성적이 공부한 만큼 오르지 않아서 고민하고 있는 학생들과 학부모들을 위한 내용을 듬뿍 담았다. 영포자(영어를 포기한 자)들이 영어 고수가 되기 위해서는 2가지가 필요하다.

- 영어 공부를 하고 싶은 마음이 생겨야 한다.
- 영포자도 실천할 수 있는 현실적인 영어 공부법이 필요하다.

영포자들은 영어를 어려워하기 때문에 영어 수업 시간을 싫어하고, 영어를 공부하는 것도 좋아하지 않는다. 그래서 더욱 영어 성적이 안 오른다. 이 악순환을 끊기 위해서는 영어를 좋아해야 한다. 당장의 영어 성적은 낮아도 영어를 공부하고 싶어야 한다. 이 책은 그런 학생들의 상황을 고려해서 단순히 영어 공부법만을 전달하진 않는다.

아무리 훌륭한 공부법이 있어도 공부를 하지 않으면 무용지물이다. 이 책은 학생들이 영어에 관심을 가지고, 공부가 하고 싶어지는 이야기들을 앞쪽에 담았다. 그런 다음, 시기별·영역별로 영어 공부를 어떻게 해야 하는지를 차례로 알아본다.

영어를 잘하고 싶은데 어디서 어떻게 시작해야 할지 몰라서 고민하고 있는 학생이라면 이 책을 처음부터 끝까지 꼼꼼하게 읽기 바란다. 이 책에는 여러분이 알아야 할 영어 공부에 대한 모든 것이 담겨 있다. 여러분에게 무작정 공부하라고 다그치지 않고, 무지막지한 영어 공부법을 알려주지도 않는다. 여러분이 따라할 수 있는 영어 공부법을 알려줄 것이다. 여러분은 이 책을 보면서 조금씩 영어를 공부하고, 천천히 자신을 변화시키면 된다.

영어는 지금도, 여러분이 살게 될 시대에도 여러분의 가치를 높여줄 수 있는 가장 강력한 도구이다. 영어를 잘하고 싶은 마음은 있었지만, 공부하는 방법을 몰라서, 의지가 약해서 영어를 못했던 많은 학생들에게 이 책은 큰 도움이 될 것이다. 이제 영어로 고통 받던 어제의 나와 작별하자. 그리고 오늘부터 진짜 영어 공부를 시작하자. 오늘 공부하면 여러분의 5년 후, 10년 후의 미래는 자연히 밝아질 것이다.

영포자탈출전문가 정승익

이 책에서는 영어 공부를 위한 다양한 영상과 사이트들을 소개하고 있다. 찾아가기 편리하도록 QR코드의 형태로 수록했다.

1. 스마트폰에서 네이버 앱을 다운 받는다.
2. 네이버 검색창 오른쪽에 있는 카메라 모양의 아이콘을 클릭한다.
3. 카메라 화면이 활성화되면 책에 수록된 QR코드를 갖다 댄다.
4. 자동으로 QR코드가 가리키는 사이트로 이동한다.

CHAPTER 2　**1등급의 영어 공부법은 따로 있다**

CHAPTER 5   영어 내신 공부는 이렇게 하자

스티브 잡스의
성공 비결에 주목하라

지금은 고인이 된 애플의 전 CEO 스티브 잡스^{Steve Jobs}는 2005년 스탠포드대학교 졸업식 축사에서 졸업생들에게 'connecting the dots'를 첫 번째 이야기로 들려준다. 한국말로는 점을 연결한다는 의미이다. 스티브 잡스는 젊은 시절, 비싼 학비 때문에 대학을 자퇴하고, 자신이 정말 원하는 수업만 듣기로 결심한다. 이때 그는 서체 수업을 들었는데, 이것이 나중에 자신에게 큰 자산이 되었다는 이야기를 들려준다. 그의 연설 중 일부를 보자.

If I had never dropped out, I would have never dropped in on this calligraphy class, and personal computers might not have the wonderful typography that they do.

만약 학교를 자퇴하지 않았다면, 서체 수업을 듣지 못했을 것이고 결국 개인용 컴퓨터가 오늘날처럼 뛰어난 글씨체들을 가질 수도 없었을 겁니다.

Of course it was impossible to connect the dots looking forward when I was in college. But it was very, very clear looking backwards ten years later. Again, you can't connect the dots looking forward; you can only connect them looking backwards.

물론 제가 대학에 있을 때는 그 순간들이 내 인생의 전환점이라는 것을 알아챌 수 없었습니다. 그러나 10년이 지난 지금에서야 모든 것이 분명하게 보입니다. 달리 말하자면, 지금 여러분은 미래를 알 수 없습니다. 다만 현재와 과거의 사건들만을 연관시켜 볼 수 있을 뿐이죠.

비싼 학비 때문에 대학을 자퇴하고, 서체 수업만 겨우 듣던 대학생 스티브 잡스는 자신이 이후에 애플을 창업하고, 맥킨토시·아이폰·아이패드를 만들어내고, 스마트폰으로 세상에 대변혁을 가지고 올 것이라고 상상할 수 있었을까? 절대 아닐 것이다. 그는 그저 흥미에 이끌려 서체 수업을 들었을 뿐이다. 이것이 그의 인생에 하나의 점(dot)을 찍은 것이다.

우리의 인생은 이런 점들이 서로 연결되어 새로운 사건들이 일어난다. 스티브 잡스가 찍은 서체에 대한 지식이라는 '점'은 이후 디자인이 탁월한 애플의 수많은 기기들과 연결되었다. 점을 찍는 당시에는 상상하기 힘든 일들이 점과 점이 연결되면서 미래에 일어난다.

여러분은 지금 여러분의 인생에 어떤 점을 찍고 있는가? 억지로 학교와 학원을 왔다갔다하면서 스트레스가 쌓이면 PC방에 가서 게임을 하거나 떡볶이를 사먹는 식으로 하루하루를 보내는 여러분은 과연 어떤 점을 찍고 있을까? 오늘 하루 자신 있게 점을 찍었다고 말할 수 있는 학생은 많지 않을 것이다.

점을 찍어야 그 점이 연결되어서 여러분을 성공으로 이끌 수 있다. 우리 주변에 엄청난 성공을 거둔 사람들은 하루아침에 그런 성공을 얻은 것이 아니다. 오래 전에 찍어놓은 수많은 점들이 연결되어서 성공이라는 결과를 낳은 것이다. 미래의 여러분의 인생을 바꾸고 싶다면, 성공하고 싶다면, 지금 당장 '영어'라는 점을 여러분의 인생에 남겨보자.

지금 학생 신분인 여러분은 상상하기 어렵겠지만, 영어라는 점은 여러분의 인생에 엄청난 일을 불러일으킬 수 있다. 믿기 어렵다면, 지금부터 영어라는 점을 찍어서 엄청난 성공을 거둔 사람들의 이야기를 살펴보자.

지금 학생 신분인 여러분은 상상하기 어렵겠지만,

영어라는 짐은 여러분의 인생에

엄청난 일을 불러일으킬 수 있다.

『영어 1등급은 이렇게 공부한다』 저자 심층 인터뷰

Q. 『영어 1등급은 이렇게 공부한다』를 통해 독자들에게 전하고 싶은 메시지가 무엇인지 말씀해주세요.

A. 세상에는 영어 공부법을 알려주는 책들이 많습니다. 그들의 이야기는 신데렐라의 그것과 비슷합니다. 9등급이 1등급이 되고, 전교 꼴찌가 외국의 유명 대학에 입학을 하는 식입니다. 그들의 이야기는 분명 매력적이지만, 대한민국에서 태어난 평범한 학생들은 그들의 공부법을 따라갈 정도의 의지와 열정이 없습니다. 이 책에서는 평범한 가정에 태어나서 공부를 한다고 하는데 원하는 만큼 성적이 나오지 않는 학생들, 그리고 그들의 학부모님들에게 도움이

되는 현실적인 영어 공부법을 알려 드리고 싶었습니다. 이 책을 통해서 대한민국에서 태어난 평범한 학생이 초등에서 고등까지 어떻게 영어를 어떻게 공부해야 하는지 영어 교육의 로드맵을 제시하고 싶습니다.

Q. 고등학교의 영어 교사로, 그리고 EBS와 강남인강의 영어 강사로 활동하시면서 영어와 관련된 학생들의 고민을 많이 들으실 겁니다. 학생들의 진짜 영어 고민은 무엇인가요?

A. 대한민국의 영어 교육은 말하기를 제대로 할 수 없다고 해서 비판받습니다. 하지만 정작 영어 회화 때문에 고민하는 중학생, 고등학생은 없다시피 합니다. 학생들의 가장 큰 고민은 시험 성적입니다. 영어 시험에서 원하는 성적을 받기 위해서 그들은 밤낮으로 공부합니다. 중간고사, 기말고사, 모의고사, 수능에서 높은 성적을 받는 것이 그들의 현실적인 목표이자 고민입니다.

Q. 시험을 위한 영어와 회화를 위한 영어가 다르다고 말씀하셨습니다. 그렇다면 고등학교 때까지의 영어 공부 목표는 어떤 것이어야 하나요?

A. 자연스럽게 영어를 익혀서 원어민처럼 영어를 구사할 수 있는 것은 모든 학생과 부모님들의 꿈일 겁니다. 하지만 모두가 이런 목표를 좇을 수는 없습니다. 최상위권을 제외한 대부분의 학생들은 원어민 수준까지 영어 실력을 높일 수 없습니다. 어설프게 회화 공부를 하면 학교에서의 시험 성적두, 히하도 모두 놓친 수 있습

니다. 상대평가에서 1등급은 100명 중 4명입니다. 영어에 특별한 흥미와 재능을 가진 학생이 아니라면, 4명 안에 들기 위해서 시험을 위한 영어 공부를 중학교 때부터 하는 것이 중요하다고 생각합니다.

Q. 영어를 어려워하기 때문에 영어 수업 시간을 싫어하고, 영어 공부도 좋아하는 영포자들이 많습니다. 영포자들이 영어에 흥미를 느끼려면 어떻게 해야 하나요?

A. 학생들은 영어를 못해도 당장 살아가는 데 불편한 점이 없습니다. 이들은 영어를 잘하고 싶다는 간절한 마음이 없습니다. 하지만 영어는 미래에 학생들의 삶에서 가장 강력한 무기가 될 수 있기 때문에 스스로 영어를 잘하고 싶은 마음이 들도록 만드는 것이 가장 우선되어야 합니다. 한국 가수가 아닌 영미권 가수의 팬이 되어도 좋고, 좋아하는 할리우드 영화나 미드를 정해 영어 공부를 시작해도 좋습니다. 이렇게 흥미를 느끼는 것은 영어 공부의 첫 단계입니다.

Q. 초등학교 때의 영어 공부가 중학교 입학 후 영어 공부의 자양분이 된다고 하셨습니다. 특히 초등학교 시절 영어 공부의 목표와 전략에 대해 알려주시기 바랍니다.

A. 초등학교 시절에는 다양한 영어 경험을 쌓는 것이 중요합니다. 시험에서 자유롭기 때문에 다양하게 공부할 수 있습니다. 영어 원서,

DVD, 유튜브 등 모든 것이 영어 공부의 도구가 될 수 있습니다. 최대한 많이 영어에 노출을 시키면서 영어에 대한 흥미를 유지하고 영어 공부에 대한 동기부여를 하는 것이 중요합니다. 초등학교 저학년 때는 부지런히 영어를 접하고, 고학년이 되면 중학교 입학 이후를 대비해 영단어와 기초 영문법을 익힐 것을 추천합니다.

Q. 중학교에 진학하면 문법과 읽기로 영어 공부의 작전을 바꾸라고 강조하셨습니다. 중학교 영어 내신 공부를 어떻게 해야 하는지 알려주시기 바랍니다.

A. 초등학교까지 듣기와 말하기 위주의 공부를 하다가 중학교에 와서 공부 방향을 잡지 못해서 방황하는 가정이 다수입니다. 영어는 언어이기 때문에 의사소통을 위해서 말하기 위주로 교육을 하고 싶은 학부모의 욕심이 있을 겁니다. 하지만 중2부터의 내신 영어 성적은 특목고와 자사고 입시에서 결정적인 역할을 하기 때문에 자녀가 학교에서 영어 A등급을 받지 못 한다면 과감하게 '단어, 문법, 읽기'로 영어 공부의 작전을 바꿀 것을 추천합니다. 고등학교에서도 문법과 읽기 위주의 영어 교육을 받기 때문에 중학교 때 이를 대비하는 것은 장기적으로 현명하고 현실적인 판단일 수 있습니다.

Q. 영어를 어려워하는 고2, 고3에게 영어 공부를 하면서 언제 가장 큰 좌절을 경험했는지 물으면 고 1 때라고 합니다. 고 1의 고비를 넘어 고등학교 영어 내신을 잘 받으려면 어떻게 해야 하나요?

A. 고1이 되어서 준비를 시작하면 늦습니다. 영어는 점수를 올리는 데 시간이 많이 걸리는 과목 중 하나입니다. 그래서 중학교 때부터 영어의 기본기인 단어, 문법, 문장 해석 실력을 탄탄하게 다져야 합니다. 중학교 때의 학교 시험 성적을 자신의 영어 실력의 기준으로 삼지 말고, 고1 모의고사 기출 문제를 풀어보면서 자신의 영어 실력을 객관적으로 측정해야 합니다. 미리 준비하면 고1 때 받는 충격을 최소화할 수 있습니다.

Q. 영어 절대평가 이후 대입의 변화에 주목해야 한다고 하셨습니다. 수능 영어의 최근 특징과 유형에 대해 자세한 설명 부탁드립니다.

A. 수능 영어는 절대평가 도입 이후 난이도 맞추기 과정 중에 있습니다. 첫 해에 1등급이 약 10% 가량 형성되었을 때, 쉬운 시험이라는 비판을 받았습니다. 다음 해에는 수능 영어의 난이도가 전해에 비해 훨씬 높아져서 1등급이 약 5% 정도 형성되었습니다. 이 결과에 대해서는 지나치게 어려운 시험이었다는 비판이 이어졌습니다. 앞으로는 1등급 비율이 5~10% 사이에서 형성되도록 난이도가 맞춰질 것이고, EBS 연계 교재의 비율이 낮아지는 등 사소한 변화는 있지만 큰 틀에서는 주목할 만한 변화가 없을 것으로 보여집니다.

Q. 수능 영어에서는 문장을 정확하게 해석하는 것이 중요하다고 하셨습니다. 영어 독해력을 키우려면 어떻게 평소에 어떻게 공부해야 하나요?

A. 우리나라의 중·고등학생들이 접하는 영어는 대부분 문제의 형태로 되어 있습니다. 그래서 학생들은 정답을 찾는 것을 공부의 제1목적으로 삼는 경우가 많습니다. 영어가 아직 어려운 학생들이라면 문제의 답을 찾으려고 하지 말고, 문장 하나하나를 정확하게 해석하는 습관을 갖기 바랍니다. 영어 통번역가가 되었다는 마음으로 문장 하나하나를 대하면 단어에 주목하게 되고, 문장의 구조에 익숙해지면서 자연스럽게 영어 독해력이 향상될 겁니다.

Q. 가장 빠르게 영문법의 기초를 완성할 수 있는 방법은 인터넷 강의를 이용하는 것이라고 하셨습니다. 인강 100% 활용법을 알려주시기 바랍니다.

A. 일단 자신에게 맞는 인강을 직접 들어보고 잘 선택해야 합니다. 요즘은 모든 강좌들을 미리 들어볼 수 있기 때문에 직접 들어보고, 자신이 잘 따라갈 수 있는 강좌인지를 판단해야 합니다. 선택을 한 후에는 자신이 선택한 강좌를 믿고 공부하는 것이 중요합니다. 예습을 하고 강의를 들으면 강의를 들을 때 집중력을 높일 수 있습니다. 무엇보다 중요한 점은 강의를 들은 후에 꼭 다시 한 번 복습을 하면서 배운 내용을 스스로 정리하는 시간을 가져야 한다는 것입니다.

1. 네이버 검색창 옆의 카메라 모양 아이콘을 누르세요.
2. 스마트렌즈를 통해 이 QR코드를 스캔하시면 됩니다.
3. 팝업창을 누르시면 이 책의 소개 동영상이 나옵니다.

우리 주변에는 영어를 마스터한 사람들의 이야기가 넘쳐난다. 9등급이 1등급이 되고, 전교 꼴찌가 해외 명문대에 입학을 한 후 동시통역사가 되는 식의 이야기들이다. 여러분도 영어를 잘하고 싶은 마음에 서점의 베스트셀러 코너에서 그런 책들을 넘겨봤을 것이다. 신데렐라 같은 그들의 이야기에 부러움을 느꼈을 수 있다. 하지만 공통적으로 그들은 피나는 노력을 통해서 영어를 마스터했기에 여러분은 쉽게 그들의 영어 공부법을 흉내 낼 수 없다. 영어 때문에 고민하는 여러분은 학교와 학원에서 주어진 공부만 겨우겨우 하고 있을 것이다. 이런 식으로는 절대로 영어를 잘할 수 없다. 진심으로 영어를 좋아해야 하고, 큰 열정으로 영어를 공부해야 한다. 그 정도의 열정이 여러분에게 있는가? 이번 장에서는 여러분이 영어 공부가 하고 싶어지는 이야기를 나누려고 한다. 진심으로 영어 공부를 하고 싶은 마음이 생긴다면, 여러분도 얼마든지 영어를 잘할 수 있다.

나도 얼마든지
영어 잘할 수 있다

1

그들은 어떻게 영어에
능통할 수 있었을까?

가수 싸이, 영어로 월드클래스가 되다. 축구 선수 손흥민, 영어로 세계적인 선수가 되다. 방탄소년단, 영어로 빌보드를 정복하다. 그들은 정말 어떻게 영어를 정복할 수 있었을까?

가수 싸이, 영어로 월드클래스가 되다

1977년생인 가수 싸이는 노래 '강남스타일'로 사람들에게 기억된다. '강남스타일'은 2012년 유튜브에서 기록적인 조회 수인 10억 뷰를 돌파하며 당시 유튜브가 만들어진 이래 최고 기록을 달성했다. 그후 20억 뷰, 30억 뷰를 기록하며 그의 인기는 세계로 퍼져 나갔다.

사실 싸이는 2001년에 데뷔를 했다. '강남스타일'이 성공하기까지 10년이 더 되는 시간 동안 그에게 많은 일이 있었다. 선정적이고 부적절한 노래로 인해서 징계를 받기도 했고, 대마초를 피운 혐의로 검거되기도 했다. 2003년에 군복무를 했으나 이 기간에 연예활동을 해서 부실복무를 했다는 판정을 받으며 군대에 재입대한 경험도 있다. '강남스타일'은 이런 우여곡절을 겪은 후 그가 2012년 7월에 세상에 내놓은 6집 정규 앨범의 수록곡이다.

'강남스타일'로 세계적인 인기를 얻은 가수 싸이

저스틴 비버와 케이티 페리 같은 세계적인 팝스타들을 추월하면서 미국의 최대 유료 음원유통사인 아이튠즈 뮤직 비디오 차트에서 1위까지 하게 된 '강남스타일'의 성공을 이어나간 데에는 싸이의 '영어'실력이 큰 역할을 했다.

싸이는 '강남스타일' 신드롬이 미국을 강타하자, 미국으로 날아가 각종 쇼에 출연해 통역 없이 영어로 자신의 이야기를 전한다. 하이라이트는 2012년 11월 7일 싸이가 영국의 옥스퍼드에서 영어로 강의를 진행한 것이다. 300여 명의 옥스퍼드 재학생들이 참여한 가운데 싸이는 자신의 가수로서의 힘겨웠던 도전 과정을 진실하게 전달했다. 그는 언제, 어떻게 영어를 익힌 것일까?

흥미롭게도 시간은 1996년으로 돌아간다. 그는 1996년 보스턴대학교 국제경영학과에 입학을 했다. 유학 생활을 경험했기에 영어를 잘한다고 단순하게 생각할 수도 있지만 그의 유학 생활은 평범하지 않았다. 그는 공부에 흥미를 잃어 학교를 중퇴하고, 버클리음악대학에 입학했다. 그마저도 학위를 마치지 않고 가수가 되기 위해서 학교를 중퇴하고 한국으로 귀국했다. 학위를 따는 것이 유학의 목표라면 그는 유학에 실패한 것이다.

싸이는 유학 시절 친구들과 놀러다니는 것을 좋아해서 일상에서 영어를 많이 사용했다고 한다. 이때 영어 실력이 자연스럽게 길러진 것이다. 하지만 그는 이때 쌓은 영어 실력을 20년간 쓰지 않았다. 정확히는 쓸 일이 없었다. 그러던 중 2012년 '강남스타일'이 미국에서 대박을 터뜨리면서 그는 1996년에 익힌 영어 실력을 바탕으로 미국 전역을 직접 휩쓸고 다닌 것이다.

과연 싸이가 영어라는 점을 미리 찍어놓지 않았다면 어땠을까? 통역을 통해서 겨우겨우 자신이 하고 싶은 말을 전달하는 한국에서 온 낯선 가수를 미국인들은 과연 반겨주었을까? 그가 각종 토크쇼에서 자신의 이야기를 전달하며 끼를 발휘할 수 있었을까? 영어를 못하는 그가 뉴욕의 타임스퀘어 광장에서 세계인들과 호흡하면서 무대 공연을 할 수 있었을까?

축구 선수 손흥민, 영어로 세계적인 선수가 되다

손흥민 선수는 현재 우리나라를 대표하는 축구 선수다. 유럽에서 활동한 아시아 선수 중 단일 시즌 최다 득점을 기록했고, 그 기록은 현재 진행 중이다. 그는 이미 한국 축구계의 살아있는 전설이다. 그의 탁월한 축구 실력과 함께 화제가 되는 것이 그의 독일어, 영어 실력이다. 그는 독일어와 영어를 능숙하게 사용하면서 팀원들과 어려움 없

이 어울린다. 영상을 통해 손
흥민 선수가 팀원들과 장난
을 치고 친하게 어울리는 모
습을 확인할 수 있다.

사실 손흥민 선수는 한국
에서 태어나 평범하게 초등
학교, 중학교를 한국에서 다

레버쿠젠 시절의 손흥민 선수

녔다. 그런 그는 고등학교 시절 해외 유학 프로젝트의 일원으로 독일
분데스리가의 함부르크로 축구 유학을 떠나게 된다. 이때부터 그의
독일 생활이 시작되었다. 그는 17세에 독일로 건너가 이후 8년간 선
수 생활을 하며 독일어를 익혔다. 이제 그의 독일어 실력은 통역 없이
독일어로 인터뷰를 진행할 수 있는 수준이다.

인터뷰에서 기자가 사용하는 현지 수준의 독일어를 알아듣고, 즉
석에서 답을 할 수 있다는 것은 외국인으로서 독일어를 마스터했다
고 봐야 한다. 유튜브에 손흥민 선수의 독일어에 대해 원어민인 독일
인들이 평가하는 영상이 있다. 그들은 손선수의 독일어가 자연스럽
고, 어려운 단어를 과감하게 사용하는 특징이 있다고 한다. 그는 적극
적이고 대담한 성격을 바탕으로 틀리는 것을 의식하지 않고 독일어를
과감하게 사용하면서 빠르게 익혔을 것으로 생각된다.

그래서 상대적으로 늦은 시기에 독일어 공부를 시작했음에도 의사
소통에 지장이 없는 수준으로 빠르게 수준을 향상시킨 것으로 추정된
다. 더욱 놀라운 것은 그가 8년간의 독일 생활을 마치고, 영국에서 선

수 생활을 시작했다는 점이다.

2015년 영국 프리미어리그의 토트넘 홋스퍼 FC로 이적한 손흥민은 영국에서도 활약을 그대로 이어 나간다. 이때 일부 축구팬들은, 독일어를 유창하게 구사하며 독일 생활에 완벽 적응한 손선수의 영국 이적에 대해 걱정했다. 영어라는 언어를 새롭게 익히고 새로운 문화에 적응해야 하는 상황이었기 때문에 이적에 대한 우려가 분명 있었던 것이다.

하지만 놀랍게도 그는 영국에서도 빠르게 영어를 이용해서 팀원들과 어울리는 능력을 보여준다. 그는 이제 영어로도 통역 없이 인터뷰를 진행한다. 고등학교까지 한국에서 다닌 것을 생각하면 독일어, 영어를 자유롭게 사용하는 손흥민 선수의 어학 능력은 놀라울 뿐이다.

그는 축구 실력처럼 외국어를 공부하는 능력도 세계적인 수준이다. 하지만 분명한 점은 그가 독일어, 영어 실력을 쌓기 위해 축구장 밖에서 많은 노력을 했을 것이라는 것이다. 과거 유럽에서 활약했던 박지성 선수도 영어 공부를 위해 개인 영어 과외 선생님을 두고 경기장 밖에서 꾸준히 노력을 기울였다.

손흥민 선수도 외국어 공부에 엄청난 노력을 기울였을 것이다. 감독의 작전을 이해해야 하고, 팀원들과 소통해야 한다는 명확한 목표가 그의 외국어 공부에 훌륭한 동기부여가 되었을 것이다. 하지만 무엇보다 그를 영어, 독일어에 능통하게 만든 것은 세계 최고의 축구 선수로서 가진 그의 끈기와 집념일 것이다. 그는 이제 독일어, 영어라는 날개를 달고, 아시아 최고 그리고 세계 최고의 축구 선수를 향해서 계속 나아가고 있다. *독일어, 영어 실력 없이 과연 손흥민 선수가 지금의 자리까지 올 수 있었을까?*

방탄소년단, 영어로 빌보드를 정복하다

지금은 BTS라는 이름으로 더 알려진 방탄 소년단은 세계적인 인기를 끄는 한국의 아이돌 그룹이다. 그들의 숨소리 하나에도 전 세계의 팬들은 귀를 기울인다. 2013년 데뷔한 후 활발한 활동을 하던 그들은 2015년 미국 빌보드 메인 앨범 차트인 빌보드 200에 첫 진입하면서 화제가 된다. 이후 매년 빌보드 차트 순위 기록을 갈아치우며 급격한 상승세를 타게 된다.

2017년 포브스코리아가 발표한 '2017 파워셀레브리티' 5위까지 선정되면서 세계적인 아이돌이 된 그들은 모두 한국에서 태어난 평범한 아이들이었다. 전략적으로 해외 진출을 노리고 해외에서 태어난 멤버들과 함께 데뷔하는 아이돌들과는 다르게 이들은 서울, 경기도, 대구광역시, 광주광역시, 부산광역시 출신이다. 수도권 태생의 멤버는 2명이고, 지방 출신의 멤버들이 5명이다.

각 지역의 평범한 소년이었던 그들은 이제 대한민국을 넘어서 세계를 무대로 활동하는 전무후무한 한국의 아이돌 그룹이 되었다. 방탄소년단의 세계적인 성공을 이야기할 때 빠지지 않는 것이 멤버인 랩몬스터의 영어 실력이다.

방탄소년단의 리더, 랩몬스터

랩몬스터는 경기도 일산에서 태어난 평범한 아이였다. 중고등학교 시절 전교 1, 2등을 다툴 정도로 우수한 성적이었다는 것도 화제지만, 더욱 놀라운 것은 그의 영어 실력이다. 그는 어머니께서 외국어 교육에 관심을 갖고 영어 교육을 하셨다고 한다. 미드 〈프렌즈Friends〉를 반복적으로 보면서 영어 실력을 쌓았다고 하는데 학창 시절에 토익 860점을 받을 정도로 우수한 실력을 쌓았다.

학창 시절의 랩몬스터는 해외 진출을 목표로 영어를 공부한 것이 아니다. 보통의 학생들처럼, 영어는 중요하니까, 나중에 인생에 도움이 될지도 모르니까 공부를 한 것인데, 이때 찍은 영어라는 점이 방탄소년단의 해외 진출에 결정적인 역할을 하게 된다. 방탄소년단의 해외 버라이어티 쇼 출연 영상을 보면 랩몬스터가 의사소통의 대부분을 담당하고 있는 것을 볼 수 있다. 특히 사회자의 서양식 유머 코드에 반응할 수 있는 것은 랩몬스터가 유일하다.

이 한 명의 멤버가 방탄소년단의 해외 진출에 날개를 달고 있는 것이다. *단 한 명도 영어를 할 수 없었다면 과연 방탄소년단이 이 정도의 인기를 얻을 수 있었을까?* 말 한 마디 한 마디를 통역을 통해서만 전달해야 했다면 미국인들이 이들을 지금처럼 사랑했을까? 학창 시절에 열심히 영어 공부를 한 랩몬스터 덕분에 우리는 지금 전례 없는 한 아이돌 그룹의 전 세계를 향한 무한 질주를 보고 있다.

영어가 당신의 운명을
바꿀 수도 있다

> 5년 뒤, 10년 뒤 여러분의 미래는 지금 여러분의 노력에 따라 바뀔 것이다. 훗날 여러분의 인생에서 태풍 같은 일이 일어나기를 바라면서 지금 영어 공부를 시작해보자.

유튜브에 영어 자막이 달리고 있는 이유

10대들 사이에서 이제 유튜브는 그야말로 대세 중의 대세다. 네이버로 검색하면 구세대이고, 유튜브로 검색하면 신세대라는 말까지 나올 정도다.

2018년 유튜브에서 영어의 힘을 보여주는 흥미로운 사건이 있었다. 국내에서 100만 구독자를 보유한 크리에이터가 있었다. 각종 흥미로운 실험과 다양한 콘텐츠로 인기를 끌던 그는 어느 날 콘텐츠 고갈로 인한 스트레스와 구독자들의 악플을 이유로 자신의 채널에 있는 거의 모든 동영상을 삭제하거나 비공개로 전환했다. 100만 구독자를 보유한 채널이면 엄청난 수익을 올릴 수 있었기에 사람들은 그의 결정에 놀라워했다.

흥미로운 점은 그가 새로운 채널을 열면서 이번에는 자신의 관심 분야였던 음악에 관련된 영상을 올리기 시작했다는 것이다. 그는 모든 영상을 영어로 제작하기 시작한다. 그가 영어로 콘텐츠 제작을 시작하자, 전 세계인들이 그의 채널을 구독하기 시작했다. 그의 채널은 1년 만에 구독자가 500만 명에 달하게 되었고, 지금도 그 수는 늘어나고 있다.

국내에서 채널을 운영하면서 염증을 느낀 크리에이터가 영어로 채널을 새롭게 오픈하면서 과거보다 4~5배 많은 구독자를 초단기간에 보유하게 된 것이다. 이것은 '영어의 힘'을 보여주는 사례다. 재미있는 점은 그의 영어 실력이 훌륭한 편이 아니라는 것이다. 초등학교 수준의 영어 실력을 이용해 자신이 하고 싶은 말을 영어로 거침없이 한다. 댓글에 질문을 더 하라는 것을 "more ask me."라고 표현할 정도다. 이렇게 문법을 틀리고 단어를 적절하게 사용하지 못하는 것이 시험 영어에 익숙한 우리에게는 지적당할 일이지만, 외국인이 볼 때는 말만 통하면 되기 때문에 문제가 될 것이 없다.

실제로 그가 올린 영상에 달린 댓글을 보면 부족한 영어 실력에 대해서 비난하는 외국인의 댓글은 없다시피 하다. 외국인들은 그의 말을 알아듣고, 궁금한 내용들을 영어 댓글로 남긴다. 1년 만에 400만이 넘는 구독자를 보유하는 것은 과거에도 없었고, 앞으로도 그 기록이 깨어질 것 같지 않은 엄청난 사건이다. *이는 '영어의 힘'을 보여주는 해프닝*으로 오래 회자될 것이다.

유튜브의 영향력은 점점 더 커지고 있다. 미국 마케팅 업체 와이펄스^Ypulse가 실시한 브랜드 조사에 따르면 미국 청소년들이 가장 선호하는 브랜드 1위를 유튜브가 차지했다. 국내에도 몇 백만 명의 구독자를 보유한 유튜브 크리에이터들이 연일 화제가 되고 있다. 단, 국내 1위 채널의 구독자 수와 세계 1위 채널의 구독자 수의 차이는 실로 어마어마하다.

이것은 곧 한국어 사용자와 영어 사용자의 차이로 설명할 수 있다. 한국어로 진행되는 콘텐츠는 한국말을 쓰는 사람만 즐길 수 있다. 이 때문에 현재 많은 국내 채널에서는 영어 자막 서비스 제공을 시작하고 있다. 영어 자막을 통해서 전 세계인들이 즐길 수 있는 채널로 나아가려고 하는 것이다. 이것이 인정할 수밖에 없는 영어의 힘이다. 영어는 여러분이 어떤 일을 하더라도, 여러분의 활동 무대를 세계로 옮겨줄 수 있는 강력한 무기다.

미래에는 정말 번역기가 다 알아서 할까?

기술이 발달하면서 번역 프로그램도 갈수록 정교한 번역을 제공한다. 구글번역기와 네이버의 파파고가 대표적인 프로그램이다. 이제 이들은 지역의 방언까지도 반영해서 번역을 해준다고 한다. 구글의 AI 알파고가 바둑에서 이세돌 9단을 이긴 것을 생각하면, 기술의 힘은 대단하고, 번역 기술이 발달해서 언젠가는 외국어 학습이 필요가 없는 날이 올지도 모르겠다.

그렇다면 *여러분은 미래의 번역 프로그램이 한국어와 영어를 완벽하게 통번역해 줄 것을 기대하면서 영어를 공부하지 않아도 되는 것일까?* 이렇게 생각해보자. 영어를 잘 아는 사람과 영어를 아예 모르는 사람이 똑같이 번역 프로그램을 사용했을 때 과연 같은 결과가 나올까?

요즘 학생들은 학교에서 내주는 영어 과제를 할 때 번역 프로그램을 활용한다. 과거에는 모르는 단어나 표현을 사전에서 찾았다면, 이제는 구글번역기나 네이버의 파파고를 이용하는 것이다.

똑같은 프로그램을 사용하지만 사용자의 영어 수준에 따라서 그 결과물은 굉장히 다르다. 일단 영어를 못하는 학생들은 한국말을 통째로 번역기에 입력하고 그 결과물을 그대로 제출한다. 그러면 번역기를 돌렸다는 티가 반드시 나기 마련이다. 어색한 단어와 표현들이 있고, 때로는 맥락에 전혀 안 맞는 바보 같은 번역도 있다.

반면에 영어를 잘하는 학생들은 번역 결과 중에서 맥락에 맞지 않거나, 때로는 바보 같은 번역이 되었을 때 알아챌 수 있다. 그들은 자신이 필요한 결과물만 선택해서 자연스러운 번역을 해낸다.

여러분이 주말에 정말 재미있는 예능 프로그램을 발견했다고 생각해보자. 외국인 친구에게 이 사실을 알려주고 싶다. 그 예능이 진짜 역대급으로 너무너무 재미있다는 느낌을 전하고 싶어서 번역기에 입력을 해본다.

'so fun'이라는 표현으로는 여러분이 전달하고 싶은 느낌을 절반밖에 전하지 못한다. 정말 배꼽 빠지게 재미있을 때는 'hilarious'라는

출처: 파파고

표현이 적절하다. 뭐라고 입력을 해야 hilarious라는 결과를 얻을 수 있을까? 여러 비슷한 한국말을 입력해보았지만, 끝내 원하는 단어를 얻지 못했다.

현재 온라인 번역기는 영어를 잘하면 훨씬 더 유용하게 활용할 수 있다. 그것은 앞으로도 그러할 것이다. *번역기는 현재 우리가 겪고 있는 영어에 대한 고통을 끝낼 수 있는 무적의 아이템이 될 수 없다.* 여러분은 완벽한 번역기를 기다리면서 영어 공부를 안 하는 어리석은 길을 선택할 것인가?

태풍 같은 변화를 원한다면 지금 영어 공부를 시작하라

'나비효과'라는 용어는 나비의 날갯짓처럼 작은 일이 커다란 변화를 가지고 온다는 말이다. 이를 모티브로 제작된 2004년도 영화 〈나비효과〉는 다음과 같은 말로 시작한다.

It has been said that something as small as the flutter of a butterfly's wing can ultimately cause a typhoon halfway around the world.

나비의 날갯짓과 같은 작은 무언가가 지구의 반대편에서는 태풍을 일으킬 수 있다고 한다.

이 영화에서 주인공은 자신의 일기를 읽으면 과거로 돌아갈 수 있는 능력을 가지고 있다. 주인공은 어린 시절을 함께 보냈던 친구들이 어떤 사건들 때문에 올바르게 성장하지 못한 모습을 보면서, 과거로 돌아가서 어린 시절의 일들을 바로 잡으려고 한다. 주인공이 과거에서 작은 사건을 바꾸면 주인공과 친구들의 미래도 180도 바뀐다. 이것이 바로 나비효과다. 영화 밖 우리의 인생에도 나비효과가 적용된다. *오늘 내가 하는 나비의 날갯짓과 같은 작은 일이 결국에는 나의 미래에 큰 변화를 가지고 온다.*

나는 어렸을 때 뚱뚱하고 운동을 못했다. 스스로 운동에 전혀 소질이 없다고 생각했고, 체육 시간이 굉장히 고통스러웠다. 그러다가 초등학교 6학년 때 일본 농구 만화 〈슬램덩크〉를 읽게 된다. 친구 집에서 우연히 읽은 이 만화책은 나의 인생을 바꾸어놓는다. 만화를 읽고 나서 나는 농구를 잘하고 싶어졌다. 그래서 매일 학교에 남아서 혼자 농구공을 열심히 튀겼다.

농구에서 시작된 나의 운동에 대한 관심은 점점 더 커졌다. 운동은 점점 내 삶의 일부가 되었고, 자연스럽게 살이 빠지고 근육도 갖게 되었고, 어느 순간 나는 평균보다 운동을 잘하는 사람이 되어 있었다. 나는 농구를 거의 매일 했으며, 대학 때는 교내 농구대회에서 우승을 하기도 했다. 대학 때 인라인스케이트 동호회 활동을 했고, 스노우보드를 독학해서 강사자격증을 따기도 했다. 성인이 되어서도 배드민턴, 골프 등 다양한 운동을 배우고 즐겼다.

나는 아직도 〈슬램덩크〉라는 만화를 처음 읽던 날이 생각난다. 어두컴컴한 방에서 바닥에 떨어져 있던 작은 만화책을 집어들지 않았더라면 나는 지금도 뚱뚱하고 운동과는 거리가 먼 삶을 살고 있을 것이다. 이것이 바로 나비효과다.

학생들이 공부를 소홀히 하는 이유는, *오늘 공부를 안 해도 내일 나에게 아무런 일이 일어나지 않기 때문이다.* 하지만 과연 매일 영어 단어를 외우면서 영어 공부를 한 학생과 공부를 하지 않은 학생의 미래가 같을까? 당장은 별 차이가 없을 것이다. 하지만 그들의 5년 뒤, 10년 뒤를 생각하면 그 차이는 태풍과도 같을 것이다. 이것이 나비효과의 무서운 점이다.

지금 날갯짓을 시작해야 한다. 이번 장을 읽고, 영어가 가진 힘을 느꼈다면, 지금 바로 영어 공부를 시작하기 바란다. 오늘 영어 공부를 한다고 해도 내일도 모레도 여러분의 인생에는 아무런 변화가 느껴지지 않을 것이다. 하지만 5년 뒤, 10년 뒤 여러분의 미래는 바로 지금 여러분의 노력에 따라 바뀌고 있다. *먼 훗날 여러분의 인생에서 태풍 같은 일이 일어나기를 기대하면서 지금 영어 공부를 시작해보자.*

영어를 확실히
마스터하는 방법 2가지

영어를 마스터하는 2가지 로드맵 : 1. 의사소통을 위한 영어를 공부해서 시험을 위한 영어를 잡는 로드맵, 2. 시험을 위한 영어를 먼저 잡고 의사소통을 위한 영어를 공부하는 로드맵.

시험을 위한 영어 vs. 의사소통을 위한 영어

대한민국에서 우리가 공부하는 영어는 크게 2가지다. 중고등학교 시절을 지배하는 시험을 위한 영어와, 대입 이후 중심이 되는 의사소통을 위한 영어다. 이 2가지 영어는 굉장히 다른 특징을 갖고 있다.

시험을 위한 영어

- 단어와 문법이 기초가 된다.
- 지문을 해석하는 읽기가 중심이다.
- 약간의 듣기가 필요하다.
- 말하기와 쓰기는 평가되지 않는다. (수행평가, 서술형 문항 제외)

- 교과서와 문제집이 주된 교재다.
- 수능 영어 1등급이 최종 목표다.

의사소통을 위한 영어

- 단어가 기초가 된다. 문법은 필수는 아니다.
- 말하기와 듣기가 중심이다.
- 영어 원서, 뉴스, 미드, 팝송 등이 주된 교재다.
- 원어민과의 자연스러운 의사소통이 최종 목표다.

우리는 이 2가지 영어를 모두 마스터해야 한다. 중학교 영어 성적은 특목고와 자사고 입시에 활용된다. A등급 이상의 영어 성적을 중학교 2학년, 3학년때 받아야 한다. 고등학교 입학 후 영어 시험 성적은 대입에 활용된다. 고등학교에서 영어 성적의 중요성은 아무리 강조해도 지나침이 없다. 수능 이후에는 영어 공부를 그만하고 싶지만, 상황은 그렇지 않다.

대학교 이후 과정에서는 의사소통을 위한 영어가 중요해진다. 취업과 승진을 위해서는 영어 성적도 필요하지만 그보다 실제로 영어를 구사해서 업무를 수행할 수 있는 능력이 중요해진다. 토익 성적이 990점 만점이어도 영어로 의견을 전달하고, 회의를 하고, 업무를 볼 수 없다면 문제가 된다.

대한민국에서 태어난 학생들은 영어의 2가지 목표를 모두 달성하기 위해서 평생 영어를 공부할 수밖에 없다. 어떻게 하면 영어 유치원에 보내지 않으면서, 조기 영어 교육을 하지 않으면서, 유학을 가지 않으면서 이 2가지 영어를 모두 마스터할 수 있을까? 영어를 마스터하기 위한 2가지 로드맵을 제시한다.

대한민국에서 영어를 마스터하기 위한 2가지 로드맵

- 의사소통을 위한 영어를 공부해서 시험을 위한 영어를 잡는 로드맵
- 시험을 위한 영어를 먼저 잡고 의사소통을 위한 영어를 공부하는 로드맵

유창한 영어를 위한 로드맵

우선 의사소통을 위한 영어를 공부해서 시험을 위한 영어를 잡는 로드맵부터 살펴보자. 일단 초등학교에서는 누구나 의사소통을 위한 영어를 공부한다. 상황별로 자주 쓰이는 표현들을 익힌다. 집에서는 영어 DVD를 보고, 영어 원서를 읽으며 영어를 공부한다. 초등학교 저학년까지는 이런 패턴을 대부분의 가정에서 유지한다.

중학교 입학이 가까워지면서 선택의 갈림길에 다다른다. 풍부한 영어 노출을 통해서 영어를 자연스럽게, 원어민과 최대한 가까운 방식으로 익히는 방법과 단어와 문법을 배우기 시작해서 시험을 위한 영어를 공부하는 방법 중에 선택을 하게 된다. 이때 의사소통을 위한 영어 공부법을 유지하고자 한다면, 더 수준 높은 영어 원서를 읽고, 꾸준히 영어로 된 영상을 보고 듣고 말하면서 영어를 익힌다. 필요하다

면 영어 회화 학원을 다니거나 전화영어 등을 활용할 수 있다.

이런 과정을 거친 아이들은 중학교 입학 이후에 만나는 시험을 위한 영어를 자신의 영어에 대한 경험과 감을 바탕으로 해결할 수 있다. 중학교의 대표적인 영문법 문제인 'to부정사와 동명사의 비교'를 예로 들어보자.

Q. 괄호 안에서 알맞은 것을 고르시오.
I enjoy (reading / to read) books.

괄호 안에서 알맞은 것은 reading이다. 영어에 충분히 노출된 아이들은 'to부정사, 동명사'라는 문법을 배운 적이 없지만 이 문제의 정답을 찾을 수 있다. enjoy reading은 자연스럽게 느끼지만, enjoy to read는 어색하다고 느끼기 때문이다. 원어민들도 이와 같은 방식으로 정답을 찾을 것이다. 이런 식으로 영어를 공부해서 교과서를 훌쩍 뛰어 넘는 수준을 갖추게 된 학생들은 이후 특목고나 자사고 진학도 생각해볼 수 있을 것이다.

이 로드맵을 따라가기 위해서는 조건이 있다. 중학교 영어 시험에서 A등급을 꾸준히 받아야 하고, 수능 영어에서도 1등급을 받을 수 있는 탁월한 영어 실력을 갖춰야 한다. 이렇게 교과서 수준을 훌쩍 뛰어 넘는 탁월한 영어 실력을 갖춘 학생이 고등학교에 입학하게 되면, 대입에서도 유리한 조건을 갖추게 된다.

내신 1등급 수준을 유지하면서 자신의 영어 실력을 바탕으로 영어와 관련된 다양한 활동을 할 수 있다. 영자신문 동아리, 영문학 동아리 등에 가입해서 활동하고, 이 활동들을 스펙 삼아 대입에 활용할 수 있다. 의사소통을 위한 영어를 공부해서 원어민에 버금가는 영어 실력을 갖추고, 한국에서 필요한 시험에 필요한 영어를 해결할 수 있는 것이다.

유창한 영어를 추구하는 로드맵

초등	중등	고등
- 다양한 방법으로 영어 공부 - 영어 원서, 영어 DVD 활용 교육	- 유창성에 중점을 둔 영어 공부 - 원어민 수준을 목표로 영어 공부 - 영어 원서, 영자신문, 영화, 미드 이용 공부 - 영어 내신 A등급	- 영어 관련 활동 (영자신문부, 영어토론, 영문학작품 분석, TED…) - 영어 내신 1등급

이렇게 원어민과 같은 방식으로 영어를 자연스럽게 받아들여 영어가 유창해지는 과정은 모든 학생과 학부모들이 꿈꾸는 모습일 것이다. 하지만 이 과정에서 중학교 영어 내신이 A등급이 나오지 않는다면, 고민을 해야 한다.

영어 성적이 A등급이 나오지 않으면, 중3 때 특목고나 자사고에 지원을 할 때 입시에서 불리하다. 그리고 A등급이 꾸준히 나오지 않는다는 것은 시험 중심의 대한민국 교육 환경에서 아이의 영어 경쟁력이 약하다는 뜻으로 해석된다.

이때 부모가 유창한 영어를 고집하면 아이는 남들보다 2배 이상 영어 공부를 하면서도 시험 성적은 높지 않은 힘든 상황에 놓일 수 있다. 더 큰 문제는 고등학교 입학 후 수능 모의고사를 봤을 때 4등급 이하 또는 영어 내신 성적이 3, 4등급 이하로 나온다면, 그동안의 노력에도 불구하고 대입에서 굉장히 불리한 상황에 놓인다. 이것이 유창성을 추구하는 영어 공부법을 택했을 때 가장 고민되는 점이다. 압도적인 영어 실력으로 내신과 모의고사 성적을 커버하지 못하면, 고입과 대입에서 큰 손해를 볼 수 있다.

조언을 하자면, 초등에서 중등으로 넘어가는 시기에 아이의 영어에 대한 열정과 실력을 부모가 객관적으로 판단해서 방향을 설정해야 한다. 아이가 영어를 진심으로 좋아하고 공부하기를 즐거워한다면, 영어 공부에 박차를 가해도 좋다. 아이가 시키는 공부만 겨우겨우 한다면, 초등 고학년에 들어서면서 시험을 위한 영어로 방향을 선회하는 것을 추천한다.

의사소통을 목표로
어떻게 그들은 영어를 마스터했는가?

> 의사소통을 추구하면서 영어를 마스터한 방탄소년단 RM의 영어 공부법과 원더걸스의 영어
> 정복기를 소개한다. 영어를 정말 잘하고 싶다면 이들의 공부법을 놓치지 말자.

방탄소년단 RM의 영어 공부법

2018년 9월 24일, 미국 뉴욕 유엔 본부 신탁통치이사회 회의장에서 '유니세프 청년 어젠다 제너레이션 언리미티드' 행사에 참석한 방탄소년단의 리더인 RM이 연설을 했다. '우리는 우리 스스로를 사랑하는 방법을 배워야 한다'는 주제로 한 이 연설은 그의 유창한 영어 실력과 울림이 있는 강연 내용으로 큰 화제가 되었다.

RM은 대한민국 일산에서 태어나서 한국에서 학창 시절을 모두 보냈다. 그런 그가 세계적인 아이돌 그룹의 리더로서 그룹의 영어 인터뷰를 담당하고 있고, 세계적인 연설까지 했다. 앞서 살짝 언급했듯이 그는 유명 외국 시트콤인 〈프렌즈〉를 이용해서 영어 공부를 했다고 한다.

RM의 영어 공부법

– 시트콤 〈프렌즈〉를 이용한 영어 공부

– '한글자막 – 영어자막–무자막' 순으로 시청

RM의 유엔 본부
연설 동영상 바로가기

미드로 영어 공부를 하는 방법은 다양하지만 그가 공부한 미드 공부법이 가장 기본이다. 한글 자막을 켜고 미드를 보면서 내용을 파악하고, 이후 영어 자막을 켜고 보면서 모르는 표현들을 정리해서 공부하고, 마지막으로 무자막으로 시청하면서 대화 내용을 완전히 내 것으로 만든다.

인터뷰에서 그는 〈프렌즈〉 시청만으로 영어가 완성된 것이 아니고, 자신 또한 영어 학원을 20개 넘게 다녔다고 한다. 의사소통을 추구하는 영어는 시험을 위한 영어보다 더 많은 공부량을 필요로 한다. 원어민에 버금가는 유창성을 갖추는 것이 목표이기 때문이다. 시험은 제한된 범위에 대해서만 집중적으로 공부하는 것이지만, 영어라는 언어를 공부하려면 범위에 관계없이 시험을 대비하는 것보다 훨씬 더 많은 공부를 해야 한다. RM의 경우는 〈프렌즈〉를 공부의 기초로 삼되, 이를 제대로 이해하기 위한 추가적인 영어 공부를 상당히 많이 했을 것이다.

그는 실제 영미권에서 활용되는 문화 매체들을 통해서 영어 공부에 동기 부여를 얻었고 이를 공부에 활용했다고 한다. 교과서가 아닌 실제 그들의 문화 속에서 영어를 공부했기 때문에 그는 자연스러운 영어를 익힐 수 있었고, 방탄소년단의 해외 진출 이후에 어색함 없는 출중한 영어 실력을 뽐내고 있다.

큰 화제가 되었던 방탄소년단의 리더 RM이 유엔 본부에서 한 연설을 이 책 맨뒤에 한글 해석과 함께 부록으로 싣는다. 한국에서 태어나서 평범하게 자란 한 청년이 전 세계를 상대로 이렇게 영어로 연설을 할 수 있다는 사실을 생각하며 찬찬히 연설문을 읽어보자. 그의 영어는 어려운 단어를 사용하지 않는다. 하지만 자연스럽다. 어려서부터 현지의 영어를 그대로 받아들이려는 노력을 했기 때문에 이런 글을 쓸 수 있었다.

미국에 진출한 걸그룹 원더걸스의 영어 공부법

'Tell me'와 'So hot'이라는 노래로 대한민국에서 최고의 인기를 누리던 걸그룹 원더걸스는 2009년 미국 진출을 하게 된다. 그들은 미국 전국 투어 버스를 타고 다니며 버스에서 자면서 이동하고 공연을 하는 매우 고된 일정을 보낸 끝에 한국 최초로 빌보드 핫100에서 76위까지 오르게 된다. 이후 한국으로 돌아온 그들은 미국에서의 생활을 각 토크쇼에서 들려주었는데, 그중에서도 그들의 영어 공부 이야기가 단연 화제였다.

한국에서 짧은 기간 영어를 공부하고 미국으로 가서 영어로 공연을 진행하고 각종 활동을 영어로 해야 했기 때문에 영어에 대한 부담이 굉장히 컸다고 한다. 그들은 미국 도착 후 영어를 배우기 위해 하루 6시간가량 학원을 다녔다. 미국 전역을 돌면서 공연을 할 때에는 영어 개인 교사가 원더걸스에게 틈틈이 영어 교육을 한 것으로 알려져 있다.

원더걸스가 공연을 1시간 앞두고 대기실에서 무대 의상을 입고 영어 공부를 하는 사진이 인터넷 상에 있다. 그 정도로 그들은 절실하게 영어 공부에 매달렸다. 한국에서 영어를 어려워했던 그들이었지만 그렇게 3년가량 미국에서 생활한 끝에 일상 회화를 편안하게 할 수 있는 수준으로 유창한 영어를 구사한다.

멤버들 간에 제각기 차이는 있지만 영어를 가장 서툴게 하는 멤버의 경우에도 영어로 말하는 것을 들어보면 오류가 굉장히 적고, 쉽고 원어민스러운 표현들을 사용한다는 것을 느낄 수 있다. 영어 인터뷰를 통해서 베일을 벗은 그들의 영어 공부법을 들여다보면 그 이유를 알 수 있다.

원더걸스의 영어 공부법

– 공통적으로 영어 학원과 개인 교사를 통해서 기본 영어 회화 실력을 쌓았다.

– 미드를 통해서 회화를 연습했다. 멤버 중 소희는 〈가십걸〉이라는 미국 드라마를 이용했다.

– 미드의 한글 자막과 영어 자막을 여러 번 반복하면서 공부했고, 모르는 단어나 표현이 나오면 적어서 외웠다

원더걸스의 영어 인터뷰
영상 바로가기

이는 방탄소년단의 RM과 크게 다르지 않은 공부법이다. 공부의 중심을 유창성에 두고, 미드를 이용해서 생생한 표현을 그대로 익힌 것이다. 영상만 본 것이 아니라 추가적으로 영어 공부를 많이 한 것도 동일하다. 이런 원더걸스의 영어 공부법을 학생들이 적용한다면, 말하기와 듣기는 자신이 좋아하는 영화나 미드를 정해서 공부하면서 해결하고, 읽기와 쓰기 능력은 영어 원서를 읽으면서 향상시킬 수 있다.

이렇게 길러진 원어민스러운 감각과 실력을 바탕으로 영어를 마스터하고, 학교 시험을 자연스럽게 해결할 수 한다. 영어를 좋아하는 학생이라면 군이 힘들여 유학을 가지 않아도 각종 인터넷 상의 자료들을 이용해 생생한 영어를 공부하면서 원어민 수준의 영어 실력을 갖출 수 있다.

유창한 영어를 위해 그들은 얼마의 시간을 투자했는가?

영어를 유창하게 구사하려면 얼마나 공부를 해야 할까? 영어를 많이 사용하는 유럽에서는 유럽 언어 학습자의 언어 수준을 평가하기 위한 기준을 만들어서 공유하고 있다. 이를 CEFR^{Common European Framework of Reference for languages}이라고 부른다.

CERR은 학습자의 언어 능력을 객관적으로 평가하기 위한 지표로, 외국어를 얼마나 잘 말하고 이해할 수 있는지 설명해주는 기준이다. 가장 낮은 단계인 A1부터 가장 높은 단계인 C2까지 총 6단계로 구분되어 있다.

대한민국에서 태어나서 영어를 공부하는 학생이 최종적으로 도달할 수 있는 단계는 C1 정도로 판단된다. C1 단계의 영어 수준은 구체적으로 다음과 같다.

C1	– 다양한 요구 사항을 이해하고 더 긴 내용을 이해할 수 있으며 암시된 의미를 인식할 수 있다. – 표현에 대한 많은 검색 없이 아이디어를 자연스럽게 표현할 수 있다. – 언어를 사회, 학문 및 직업적 목적으로 유연하고 효과적으로 사용할 수 있다. – 문장의 구조적인 패턴, 접속어들, 글을 일관되게 만드는 장치들을 잘 통제하면서 복잡한 주제에 대해 명확하고 잘 짜여진 상세한 텍스트를 만들 수 있다.

방탄소년단의 RM은 C1 단계에 도달한 것으로 판단된다. 그는 자신의 직업인 가수에게 필요한 영어를 자유자재로 사용한다. 미국 토크쇼에 출연한 RM이 사회자가 던지는 영어 농담에 반응하고 웃을 수 있는 것을 보면 그는 암시된 의미까지 파악할 수 있는 C1 단계에 충분히 도달했다고 볼 수 있다.

한국인이 C1의 단계에 이르기 위해서는 얼마나 영어 공부를 해야 할까? CEFR의 각 단계를 달성하기 위해서 필요한 영어 학습 시간은 다음과 같다.

CEFR 단계	수준에 도달하기 위한 누적 학습 시간
A1	90~100시간
A2	180~200시간
B1	350~400시간
B2	500~600시간
C1	1,000~1,200시간

C1레벨에 이르기 위해서는 1천 시간의 공부 시간이 필요하다. 1천 시간은 꼬박꼬박 하루 1시간씩 영어를 공부한다면, 3년간 공부해야 도달할 수 있는 시간이다. 초등학교 3학년 때부터 영어를 공부했으니 족히 3년은 공부했다고 생각하겠지만, 정말 여러분은 하루에 1시간씩 3년간 공부를 했는가?

학교에서 영어 수업을 받고, 학원에서 영어 강좌를 듣기 위해 앉아 있다고 해서 공부를 한 것이 아니다. 미드를 보고, 모르는 단어와 표현을 찾아서 정리하고, 이를 외우기 위한 노력을 *하루에 1시간씩, 꼬박 3년을 해야 한다*는 의미다. 이 정도의 공부를 꾸준히 실천한 학생은 거의 없을 것이다.

언어학자 샤우드 스미스^{Sharwood Smith}는 인간이 모국어를 습득하는 과정에서 순수하게 듣고 말하는 활동에 쏟는 시간이 약 9천 시간이라고 한다. 9천 시간은 *하루에 1시간씩 꾸준히 공부를 한다면, 24.6년간 공부를 해야 하는 양*이다.

영어를 좋아하지 않는 학생은 절대로 이 정도의 영어 공부를 해낼 수 없다. 이것이 '의사소통을 추구하는 영어 공부 로드맵'을 영어를 좋아하는 학생에게 권하는 가장 큰 이유이다.

초등학교 고학년에서 중학교로 넘어가는 시기에 자신이 영어를 정말로 좋아하는지, 이 정도의 공부량을 채울 수 있는지 진지하게 고민해야 한다. 자신이 없다면, 지금부터 알아볼 '시험을 위한 영어'로 방향을 돌리자.

시험을 준비하면서도
얼마든지 영어를 마스터할 수 있다

시험을 위한 영어 공부는 시험 범위의 내용을 외우는 공부를 뜻하지 않는다. 시험 점수를 잘 받기로 마음먹었다면, 중학교부터 고등학교까지 쓸 수 있는 영어의 기초를 다져야 한다.

입시라는 현실을 무시해서는 안 된다

어른들은 이런 이야기를 종종 한다. "우리 학교 다닐 때랑 학교가 별로 바뀐 것이 없다." 맞는 말이다. 나는 고등학교를 졸업한 지 20년이 넘었다. 현재 고등학교에서 아이들에게 영어를 가르치고 있다. 내가 고등학생일 때는 스마트폰도, 페이스북도, 유튜브도 없었는데, 그동안 참으로 많은 것들이 바뀌었다.

하지만 영어를 가르치는 교실의 풍경은 크게 바뀌지 않았다. '경쟁과 변별'이라는 요소가 대한민국 교육의 뿌리를 이루고 있기에 학교의 겉모습이 아무리 바뀌어도 우리는 수십 년 전의 학교와 지금의 학교가 비슷하다고 느끼는 것이다.

대한민국에서 태어나 제한된 일자리와 자원을 가지고 살아가야 하는 우리에게 '경쟁'은 필연적이다. 각종 시험은 변별을 위해서 존재한다. 학교에서 실시되는 시험들도 결국은 학생들을 변별하려는 목적을 가지고 있다.

수능 영어는 치열한 경쟁을 줄이려고 절대평가를 도입했지만, 영어의 난이도는 크게 낮아지지 않았다. 갈수록 상대평가로 평가되던 때의 난이도를 향해서 가고 있다. 시험은 변별의 목적을 지우기가 힘든 것이다.

학생들이 진로를 탐색하고, 관련된 활동을 하고 이를 바탕으로 대학에 간다는 이상적인(?) 제도인 학생부종합전형은 갈수록 반대 세력들이 커져 간다. 그냥 시험을 봐서 성적대로 대학을 가자는 '정시파'를 지지하는 이들이 날로 늘어간다. 왜? 우리는 경쟁을 인정하고, 경쟁의 도구인 시험은 '공정'해야 한다고 생각하기 때문이다. 정시로 대학을 가는 것이 좋은 방법은 아니지만 더 공정한 방법이라는 말이 나온다.

영어에 대해 이야기해보자. 초등학교에서는 시험을 보지 않는다. 그래서 다양한 영어 공부법이 존재하고, 학생도 학부모도 큰 스트레스를 받지 않는다. 문제는 중학교 입학 이후부터다.

현재 중학교의 영어 성적은 특목고·자사고 입시에 점수화되어 반영된다. 합격을 위해서는 A등급이 보장되어야 한다. 절대평가 체제이기 때문에 90점 이상을 받아야 한다. B등급 이하를 받은 학기가 있으면 원하는 특목고·자사고 합격을 장담할 수 없다. 고등학교 입학 후에는 대입을 위한 경쟁이 더욱 치열해진다.

대학을 가는 방법은 크게 2가지로 수시와 정시다. 쉽게 생각하면, 수시는 학생의 관심사와 특기를 살려서 대학을 가는 길이고, 정시는 매년 11월에 치르는 수능 시험 성적으로 대학을 가는 방법이다. 입시를 잘 모르는 이들에게 수시는 '성적'이 필요 없는 길처럼 보이지만 사실 수시로 대학을 가기 위해서는 내신 성적이 반드시 뒷받침되어야 한다.

영어 내신 성적이 5등급 이하인 학생을 대학은 우수한 인재라고 생각하지 않는다. 참고로 9등급이 가장 낮은 등급이다. *결국 대한민국에서 태어나 영어를 공부하는 학생들은 중학교부터 고등학교까지 무조건 시험을 잘 봐야 한다.*

시험을 위한 영어는 진짜 영어가 아니다?

우리 주변에 영어의 고수가 된 많은 이들은 공통적으로 문법과 읽기 중심인 우리의 영어 교육에 부정적인 의견을 갖고 있다. 우리네 영어 시험에서 100점을 받아도 영어로 자신이 하고 싶은 말을 전혀 못하기 때문이다. 맞는 말이다. 우리는 한 해 10조 원에 달하는 막대한 사교육비를 지출하면서 영어 교육에 애를 쏟는다.

이때의 영어 교육은 주로 영어 시험 성적을 높이기 위한 교육이다. 즉 단어를 암기하고, 문법을 공부하고, 지문을 해석하는 공부다. 이 시험의 끝에 바로 수능 시험이 있다. 수능 영어에서 100점을 받으면 영어 말하기가 되는가? 안 된다. 이것이 우리가 대한민국의 영어 교육을 비판할 때 가장 자주 언급하는 부분이다. 시중의 영어 공부법 책들도 이 부분을 지적한다. 시험 성적을 위한 영어 공부는 말하기에 도움이 안 되기 때문에 지금부터라도 말하기 공부를 중점적으로 해야 한다는 것이다.

그런데 이건 현재 수능 영어에서 1등급을 받는 4~10%의 학생들만 귀 기울여 들으면 되는 이야기라고 생각한다. 수능 최고 등급을 받는 학생들이 1등급 실력인데 영어 말하기가 전혀 안 된다면 영어 말하기도 공부하고 더 욕심을 내서 원어민 수준에 가까워지기 위해서 다양한 방법으로 공부할 것을 추천한다. 문제는 1등급이 아닌 나머지 90%가 넘는 학생들이다.

해마다 차이는 있지만, 약 50만 명의 학생들이 매년 수능을 보는데 영어 영역에서 1등급은 절대평가 기준으로 10% 이내다. 100명으로 생각하면, 많아야 10명만 1등급을 받는다. 나머지 90명은 1등급이 아니다. 그들의 최대 목표는 1등급을 받는 것이다. 밤늦게까지 학원에서 불을 켜고 공부하는 학생들이 바로 이들이다. 이 학생들에게 말하기 공부는 사치일 뿐이다.

그들은 수능에서 평가하지 않는 말하기를 공부할 여유가 없다. 이상과 현실의 차이를 인정하자. *현실적으로 고3까지의 학생들에게는 시험을 위한 영어가 진짜 영어다.*

시험을 위한 진짜 영어 공부법은 무엇인가?

많은 중학생들이 중간·기말고사 시험을 대비할 때 교과서 본문을 외우는 식으로 영어 공부를 한다. 실제로 중학교에서 이런 식의 공부 방법이 꽤 효과가 있다. 시험 2~3주를 앞두고 교과서 본문을 외우다시피 공부하면, A등급 획득이 가능하다. 하지만 고등학교 이후의 과정에서는 이런 공부법이 통하지 않는다. 이유는 고등학교 영어는 중학교에 비해서 공부 범위가 비교할 수 없을 만큼 넓기 때문에 한정된 내용을 외우는 식으로 공부해서는 고득점이 불가능하기 때문이다.

시험을 위한 영어 공부는 시험 범위의 내용을 외우는 공부를 뜻하지 않는다. 시험 점수를 잘 받기로 마음먹었다면, 중학교부터 고등학교까지 쓸 수 있는 영어의 기초를 다져야 한다. 영어의 기초는 다음의 3가지로 이루어져 있다.

영어의 기초
- 단어
- 문법
- 문장 해석

단어를 외우고, 문법을 공부하고, 이를 바탕으로 문장을 해석하는 것이 모든 영어 공부의 토대가 되는 3요소이다. 그런데 정작 이 3요소를 제대로 공부하는 중학생들이 많지 않다.

시험을 위한 영어를 제대로 준비하려면 초등학교 고학년 때부터 기초 단어와 문법을 익히기 시작하는 것이 좋다. 초등학생에게 적합한 강좌와 교재는 이후 시기별 공부법에서 따로 추천한다. 중학교 입학 이후에는 단어를 확장하고 문법 지식을 다져야 한다. 그리고 다양한 글감을 읽으면서 문장 해석을 연습해야 한다. 영어의 기초가 완성되면, 시험 기간에 서술형 대비만 추가해도 중학교 내신을 잡을 수 있다.

고등학교 입학 후에는 수능 영어가 가장 중요하기 때문에 수능 영어에 대한 적응 훈련을 한다. '단어-문법-문장 해석'의 기본기만 확실하다면 약간의 적응을 거친 후에 기출 문제로 훈련하면 수능 영어에서 1등급을 받을 수 있다.

시험을 위한 영어 로드맵

초등 고학년	중등	고등

– 영어 단어
– 기초 영문법 학습
– 영어 동화, 원서 독해
	– 영어 단어 확장
	– 심화 영문법 학습
	– 다양한 글감 독해
	  (영어 원서, 미드, 영화 활용
	  가능)
		– 영어 단어 확장
		– 영문법 문제 대비
		– 수능 영어 적응

시험을 위한 영어 공부를 하면서 영어 실력이 안정적으로 A등급을 받을 수준이 되면, 교과서 밖 생생한 영어 공부를 추가한다. 영어 원서, 미드, 영화, 유튜브 영상 등을 보면서 생생한 영어를 공부한다. 단어, 문법, 문장 해석이 되면 영어 원서 읽기나 미드에 도전해도 충분

히 즐겁게 공부할 수 있다. 단어와 문법 실력이 탄탄하기 때문에 보다 분석적으로 영어로 된 내용을 이해할 수 있다.

영어 공부에 가장 많이 활용되는 미드인 〈모던 패밀리Modern Family 시즌1〉의 첫 번째 에피소드에 나오는 대사 몇 개를 옮겨본다. 단어와 문법 실력이 있으면 바로 이해할 수 있는 문장들이다.

People know you're a girl, you don't need to prove it to them.
사람들은 네가 소녀인 걸 알아, 너는 그것을 그들에게 증명할 필요가 없어.

We've just adopted her from Vietnam and we're bringing her home for the first time.
우리는 그녀를 베트남에서 지금 막 입양했고, 그녀를 처음으로 집으로 데려가고 있는 중이다.

'prove, adopt, bring' 정도 수준의 단어와 '현재완료, 현재진행형'이라는 중학교 1학년에 나오는 문법을 알고 있으면 위 문장들은 읽는 즉시 이해된다.

이런 식으로 영어의 기본기를 토대로 생생한 현지 영어를 익히는 추가적인 공부를 하면 탄탄한 영어 실력을 갖출 수 있다. 고등학교 입학 후에는 탄탄한 영어 실력을 바탕으로 내신 영어 성적 상위권을 유지하면서 수능 영어 유형에 적응해 모의고사에서 1등급 수준을 확보

할 수 있다.

내신과 모의고사 성적이 안정권이 되면 다양한 비교과 활동을 할 수 있다. 비교과 활동은 수업 외 활동을 말한다. 동아리 활동이 대표적인 비교과 활동이다. 이런 비교과 활동은 생활기록부에 기록이 되고, 대입에서 합격불합격을 결정하는 중요한 역할을 한다.

그런데 고등학교 입학 후 내신 성적과 모의고사 성적이 원하는 대로 나오지 않으면 비교과 활동을 마음놓고 할 수 없다. 수업 외에 아무리 많은 활동을 했어도 내신 영어 성적이 낮으면 자신의 경쟁력을 입증하기 어렵다. 그래서 내신 공부에 시간을 투자할 수밖에 없고, 그만큼 수업 외 활동을 할 수 있는 시간은 줄어든다.

고1 때 영어 내신 성적이 1~2등급 정도가 나오면, 100미터 달리기에서 남들보다 30~40미터 먼저 출발하는 것과 같은 효과를 가져온다. 다른 학생들이 내신 공부를 하는 시간에 비교과 활동을 충분히 하면서 대입에서 유리한 고지를 점할 수 있기 때문이다.

시험을 위한 영어 공부는 말하기와 듣기 위주의 공부법에 비해 구시대적인 것으로 보일 수 있지만, 투자하는 시간과 비용 면에서 실속 있게 원하는 영어 공부의 목적을 달성할 수 있는 방법이다. 그런 의미에서 부산에서 태어나 시험을 위한 영어 공부로 시작해 영어를 직업으로 삼게 된 나의 이야기를 2장에서 하려고 한다. 특별할 것 없는 나의 평범한 영어 공부 여정이 많은 학생들에게 도움이 될 것이다.

누구나 영어를 잘하고 싶은 마음을 갖고 있을 것이다. 하지만, 정작 영어 공부법에 대해서 깊이 고민하는 학생은 많지 않다. 어떤 학원을 다니는지, 어떤 과외를 받고 있는지가 여러분의 영어 공부법은 아니다. 영어를 잘하고 싶다면, 효과적인 공부법을 알아야 하고, 자신에 대해서도 정확하게 파악을 해야 한다. 공부는 단순히 책을 펴고 책상에 앉아 있는 간단한 행위가 아니다. 무작정 책상에 오래 앉아 있다고 해서 성적이 저절로 오르는 것은 더욱 아니다. 혹시 지금까지 공부법에 관심을 갖지 않았던 학생이라면, 이번 장을 통해서 자신의 공부법을 돌아보고, 제대로 된 공부법을 배우기 바란다. 올바른 방법으로 공부하면, 여러분도 충분히 영어를 잘할 수 있음을 명심하자.

1등급의 영어 공부법은 따로 있다

2

EBS 영어 강사가 된
정승익 선생님의 영어 공부법

> 이 책에서는 평범한 학생들을 위한 공부법을 알려준다. 평소 영어 공부를 고민했던 학생들은 지금부터 하는 이야기에 귀 기울이기 바란다. 그러면 성공 비법을 찾을 수 있을 것이다.

나는 이렇게 영어 공부를 했다

정승익 선생님은 바로 나다. 나는 부산에서 태어나 대학교에 진학하기 전까지 부산에서 살았던 부산토박이다. 나는 굉장한 영어 정복기를 가지고 있지는 않다. 하지만 나의 영어 공부법은 보다 현실적이어서 누구나 따라할 수 있을 것이다. 가장 한국적이고 현실적인 나의 영어 공부 이야기를 시작한다.

나는 중1 때부터 영어를 배우는 시대의 사람이고, 중1 때 처음 학교에서 영어 수업을 받았다. 당시에 순진했던 나는 알파벳 정도만 외우고 중학생이 되었는데, 중학교 첫 영어 수업에서부터 큰 충격을 받았다. 나는 알파벳밖에 모르는데, 첫 수업에서 알파벳이 아닌 문장을 배우는 것이다.

My best friend is Minho.

이런 수준의 문장이었다. 쉬운 문장이지만, 알파벳만 겨우 알던 나에게는 너무나 어려운 문장이었다.

나는 모범생이었기 때문에 어떻게든 영어 성적을 잘 받고 싶어서 그냥 문장을 알파벳으로 외웠다. "best는 '비이에스티', '최고'라는 의미." 이런 식으로 공부했다. 하지만 이런 무식한 공부법으로는 아무리 열심히 공부해도 70점 정도가 한계였다.

중1 여름방학을 앞두고 아버지께서 영어 성적을 확인하셨다. 이때 아버지는 충격을 받으셨고, 여름방학 한 달 동안 나에게 영어를 직접 가르쳐 주시기로 결심하신다.

미리 이야기하자면, 나는 이 한 달이 지난 후에 영어 시험은 모조리 100점을 받았고, 더 나아가 영어경시대회에도 출전하게 되었고, 이 기세를 몰아 외고에 진학까지 하게 된다. 그리고 외고 진학 이후에도 영어 공부에 어려움이 없었으며, 추가로 학원을 다니거나 하면서 영어 공부를 하지 않았지만, 고교 입학 후에도 모의고사는 모조리 만점을 기록하게 된다.

이만하면 가히 '기적의 한 달'이라고 부를 법도 하다. 아버지와 함께했던 그 한 달의 시간 동안 나의 영어에 도대체 무슨 일이 있었는지 정리해본다.

승익쌤과 아버지의 영어 공부법, 기적의 30일

당시 아버지와의 수업교재는 중3 영어 교과서였고, 수업방식은 '본문을 한 문장씩 읽고 해석하기'였다. 수업의 특징을 정리하면 다음과 같다.

- 중3 영어 교과서 12과에서 1과로 거꾸로 수업 진행
- 발음이 틀리면 머리에 꿀밤 맞음
- 해석이 틀려도 머리에 꿀밤 맞음
- 부정사 등 주요 문법은 아버지가 직접 설명

아주 간단한 방식이었다. 중3 교과서 한 권을 읽고 해석하기, 그게 전부였다. 알파벳만 겨우 알던 내가 어떻게 중3 교과서를 읽고 해석을 했냐고? 틀리면 바로 머리에 꿀밤을 세게 맞았기 때문에 틀리지 않기 위해서 모든 단어의 발음을 찾아봤다.

처음에는 영어의 기초가 없었기에 엄청 틀리고, 그에 비례해서 엄청 맞았다. 맞지 않기 위해서 거의 울면서 영어 공부를 했다. 다행인 것은 12과부터 공부를 시작했기 때문에 1과로 나아갈수록 공부할 것이 없어서 점점 맞을 일이 없었다. 험악했던 수업 분위기도 갈수록 좋아졌다. 그렇게 한 달 동안 한 권의 교과서를 모두 공부한 뒤, 나는 더이상 중학교에서는 공부할 것이 없었다. 중3 교과서를 읽고 해석할수 있게 되었기 때문에 중학교 3년 동안 영어에 관해서는 더 이상 공

부할 것이 없었다.

나는 이때 '단어, 문법, 문장 해석'이라는 영어의 기본기를 마스터한 것이다. 이 기본기가 있으니 영어에 관해서는 무엇이든 할 수 있었다. 영어 시험은 당연히 100점을 받았고, 영어 관련 대회에서도 쉽게 수상을 했다. 그리고 이 기본기가 내 평생의 영어의 바탕이 되었다고 생각한다. 다양한 상황에서 영어가 필요했지만, 기본기를 바탕으로 그때그때 필요한 영어를 공부했다.

수능을 위해서는 수능에 필요한 단어와 문법을 익히고, 지문을 열심히 해석하고, 문제를 풀었다. 토익 점수가 필요해서 토익 단어를 외우고, 기출 문제들을 열심히 풀어서 토익 만점을 달성했다. 토익을 위한 특별한 공부법이 있는 것이 아니라 학교 다닐 때 쌓은 영어의 기본기 위에 토익에 필요한 내용을 문제를 풀면서 추가로 공부했다.

영어 교사가 되기 위한 시험도 마찬가지다. 기출 문제를 풀면서 교사 시험에 필요한 내용들을 추가로 공부해서 합격할 수 있었다. 이후 학교에서 영어 교사로서 영어로 수업하기 위한 말하기 능력이 필요했다. 그래서 교실에서 활용할 수 있는 회화 표현들을 익혀서 활용했다. 그리고 지금은 EBS에서 영어를 강의하고 있다.

나는 시험을 위한 영어를 중심으로 공부했기 때문에 학생들의 마음을 그 누구보다도 잘 안다. 그래서 누구보다 쉽게 영어를 강의한다는 평가를 나름 받고 있다. 아마도 내가 유창한 영어를 추구했다면, 영어 실력은 탁월했겠지만, 대한민국의 시험을 중심으로 한 환경에서 영어를 배우는 학생들의 어려운 점을 다 헤아려 주지는 못했을 것이

다. 나는 이렇게 중1 때 다진 영어 기본기를 바탕으로 EBS 영어 강사
가 되었다.

승익쌤이 영어가 필요했던 순간

나에게 영어가 필요했던 순간

- 중학교·고등학교 시험을 위한 영어

- 수능 시험을 위한 영어

- 대학 졸업과 토익 점수를 위한 영어

- 교사 시험 합격을 위한 영어

- 학교에서 영어를 가르치기 위한 영어

- EBS에서 영어를 강의하기 위한 영어

솔직히 나는 원어민만큼 영어를 구사하지 못한다. 한때 나의 부족
한 영어 실력에 대해 고민을 했던 때가 있다. 나에게는 원어민 수준의
영어가 필요하다고 생각했었다. 중고등학교의 시험, 수능 시험, 토익
까지 만점을 받았지만, 그럼에도 원어민처럼 영어를 구사해야 한다고
생각했었다. 자막 없이 할리우드 영화를 보고, 영어 원서도 척척 읽어
야 한다고 생각했다. 그러다 문득 나는 한국말도 완벽하게 구사하지
못한다는 것을 깨달았다. 이렇게 생각해보자.

− 우리는 한국말도 완벽하게 못한다.

− 우리가 잘하는 한국말은 의사소통을 위한 것이다.

− 우리는 신문·뉴스 기사를 완벽하게 이해하지 못한다.

− 우리는 모르는 전공 분야의 책을 이해하지 못한다.

− 우리는 책을 쓸 수 있을 정도의 한국어 실력이 없다.

− 결국 우리는 한국말로 기본적인 의사소통 정도만 하는 것이다.

− 영어도 마찬가지다.

− 영어로 기본적인 의사소통 정도 하는 것도 대단한 것이다.

− 한국말로도 이해 못하는 신문·뉴스 기사를 영어로 보면 이해가 안 되는 건 당연하다.

− 한국말로도 모르는 분야에 대한 이야기를 영어로 보면 당연히 이해가 안 된다.

− 한국말로도 글을 잘 못 쓰니, 영작이 어려운 것은 당연하다.

− 우리는 한국말도 필요한 것만 잘하니, 영어도 필요한 것만 공부하면 된다.

이 내용에 공감하는가? 우리는 한국말도 필요한 만큼만 사용한다. 한국말을 사용한다고 해서 누구나 소설을 쓸 수 있는 것이 아니다. 우리는 살면서 필요한 때, 필요한 만큼만 한국말을 사용하고 있다. 영어도 마찬가지다. 살면서 영어가 필요한 순간이 올 것이다. 그때 필요한 영어를 필요한 만큼 사용하면 된다.

그런 영어를 구사하기 위한 기초는 시험을 위한 영어를 공부해도 충분히 마련할 수 있다. 이런 생각을 한 후 나는 꼭 필요하거나 내가 좋아하는 영역에 대해서만 영어 공부를 하고 있다.

승익쌤의 영어 공부법은 바로 이것이다

나의 영어 공부법

- 꼭 필요한 영어 공부를 한다. (교사와 강사로서 필요한 단어, 문법, 수능 시험 연구)

- 기본 회화 실력을 위한 미드 공부를 한다. (좋아하는 미드와 영화 이용)

- 한국어로 흥미가 없는 분야는 영어로도 공부하지 않는다. (영어로 된 문학 작품, 영어 뉴스 등)

- 한국어로 흥미가 있는 분야를 영어로 공부한다. (유튜브에서 관심 있는 분야에 대한 영상 보기)

이 중에서도 가장 즐거운 공부 겸 놀이는 유튜브 시청이다. 나는 노트북, 카메라 등 전자기기에 관심이 많다. 항상은 아니지만, 거의 모든 모델이 우리나라보다 미국에서 먼저 출시된다. 그래서 영어로 된 리뷰 영상을 이용하면 가장 먼저 제품에 대한 정보를 얻을 수 있다. 자신이 좋아하는 것에 대한 영어 영상은 배경 지식이 작동하기 때문에 다른 영상들보다 이해가 훨씬 빠르다. 그리고 이렇게 내가 궁금하고 재미있어 하는 것을 영어로 공부해야 오래 공부를 지속할 수 있다.

공부는 꾸준히 하는 것이 중요한 만큼 영어 공부에 있어서는 자신이 좋아하는 것을 충분히 활용하기 바란다. 대한민국 부산에서 태어나 EBS에서 10년째 강의를 하고 있는 나의 영어 공부법은 특별할 것이 없다. 특별할 것이 없기 때문에 누구나 따라할 수 있다고 생각한다.

나의 영어 공부 히스토리

- 학창 시절에 단어, 문법, 독해를 확실하게 익혔다.

- 수능 영어를 위해서 단어, 문법, 독해를 추가로 공부했다.

- 대학 입학 이후 영어 교육 분야에 대한 공부를 했다.

- 대학 졸업을 위해서 토익 공부를 하면서 단어, 문법, 독해를 확장했다.

- 교사 시험을 위해서 조금 더 깊이 있는 단어, 독해 공부를 했다.

- 교사가 된 이후에 영어로 수업을 진행하기 위해서 말하기, 쓰기 분야를 공부했다.

- EBS 강사로서 중고등학교의 단어, 문법, 독해를 분석하고 연구했다.

영어를 어려워하는 학생이라면 시험을 위한 영어를 공부할 것을 추천한다. 유창성을 추구하는 영어 공부법에 대한 책은 시중에 많이 있다. 9등급을 받던 학생이 영어를 유창하게 하게 되고, 공부라고는 해본 적 없는 문제아가 외국 대학에 합격을 하는 스토리다. 이들의 영어 공부기는 언제나 화제의 중심이 된다.

하지만 이들의 이야기를 읽어보면, 하나같이 엄청난 노력을 기울였다. 영어 공부, 어쩌면 공부 자체를 스스로 하는 습관이 없는 학생이 이들의 노력을 따라하기란 쉽지 않다. 그래서 이 책에서는 평범한 학생들을 위한 공부법을 알려줄 것이다. 평소에 영어 공부로 고민했던 학생들은 지금부터 하는 이야기에 귀 기울이기 바란다.

우선 1등급의 공부법부터
먼저 익히자

| 우리에게 유리한 식으로 받아들이고 공부하면 된다. "타고난 지능과 상관없이 누구나 공부를 잘할 수 있다." 우리에게는 그런 믿음이 필요하다. 그러면 반드시 보답이 있을 것이다.

'학습된 무기력'에 빠져 있지는 않은가?

1975년 심리학자 셀리히만M. Seligman과 마이어Maier는 24마리의 개를 3개의 집단으로 나누어 실험을 한다. 제1집단의 개들은 단순히 일정 기간 동안 가둔 다음 나중에 풀어주었다. 제2집단은 임의의 시기에 전기 충격을 주어 개가 조작기를 누르면 이를 멈출 수 있게 했다. 제3집단은 제2집단과 동일한 강도의 충격을 받았으나 조작기를 눌러도 충격을 멈추지는 못했다. 쉽게 말하면 제3집단은 어떻게 해도 전기 충격을 벗어날 수가 없었다.

이들을 모두 새로운 상자에 넣고 다시 실험을 한다. 모든 개들은 살짝만 이동하면 쉽게 전기 충격을 피할 수 있는 상황이었다. 제1집단과 제2집단의 개들은 빠르게 탈출법을 알아내 전기 충격에서 벗어났다. 하지만 제3집단의 개들 대부분은 충격에서 벗어나기를 포기하고 웅크린 채 계속 전기 충격을 받았다. 어떻게 해도 탈출할 수 없는 것이 학습된 개들이 탈출 자체를 포기한 것이다. 이것이 바로 '학습된 무기력learned helplessness'이다.

대한민국의 모든 학생들은 공부를 한다. 그런데 공부를 해도 성적이 오르지 않는다. 이 과정이 반복되면 그들은 마치 어떻게 해도 전기 충격을 피할 수 없는 개와 같이 학습된 무기력을 겪게 된다. '나는 열심히 해도 안 돼'라는 생각이 고정되면, 나는 영원히 공부를 잘할 수 없는 사람이 되어 버린다.

실험에서도 증명이 되었듯이 학습된 무기력 상태에 빠지면, 해결책이 있음에도 시도하지 못하는 상태가 된다. 혹시 여러분이 이런 상태에 놓인 것은 아닐까? 학습된 무기력에는 가정, 학교 등 여러 가지 요인들이 영향을 미치지만, 무엇보다도 자기 자신을 부정적으로 평가하는 학생들이 학습된 무기력을 쉽게 경험한다. 자기가 자신을 어떻게 판단하고 평가하는지가 학습된 무기력에 결정적인 영향을 미치는 것이다.

학생이 낮은 성적을 계속 받다 보면, 자연스레 자신에 대한 평가가 낮아지고 결국 자신은 아무 것도 할 수 없다는 마음가짐을 갖게 된다. 학습된 무기력에서 벗어나는 방법에 대해 다양한 연구가 이루어지고 있지만, 기본적으로 공부를 하는 학생들은 다음과 같은 마음가짐을 가져야 한다.

학습된 무기력에서 벗어나는 방법

– 실패할 수도 있다는 넓은 마음이 필요하다.

– 어떤 경우에도 자신은 자신을 믿고 사랑해야 한다.

일단 긍정의 힘이 필요하다. '꾸준히 노력하면 성적을 올리고 목표를 달성할 수 있다'는 마음가짐이 필수다. 그리고 결정적으로 성공의 경험이 필요하다. 학습된 무기력에서 벗어날 수 있는 묘약은 성취와 성공의 경험이다. 노력해서 목표한 바를 이루어내면, 단번에 무기력의 상태에서 벗어날 수 있다. 그러기 위해서 우리는 정확한 공부법을 알아야 하고, 실제로 성적을 올려야 한다.

지금까지 여러분이 성적이 낮아서 좌절한 경험만을 했다면, 지금부터 제대로 공부를 하면 성적이 오를 수 있다. 딱 한 번의 성적 상승만 있으면 된다. '노력하면 할 수 있다'는 경험을 한 번만 하면 무기력한 상태를 벗어나서 앞으로 나아갈 수 있다. 진짜 성적을 올릴 수 있는 공부법을 이번 장에서 확실하게 익히자.

공부는 IQ로 하는 것이 아니다

우리는 공부를 할 때 머리가 좋아야 유리하다고 생각한다. 이때 사용되는 개념이 IQ다. 실제로 언론에서도 'IQ가 150인 누구누구가 초등학교 때 대입 문제를 풀더라'는 식의 보도를 한 번씩 한다. 이런 과정에서 우리는 IQ가 공부를 잘할 수 있는 타고난 능력이라고 믿게 되었다. 바꾸어 말하면 후천적인 노력으로는 공부를 잘하기 쉽지 않다고 믿게 된 것이다. 그래서 '우리 엄마 아빠는 IQ가 높지 않고, 나는 그 머리를 물려받았기 때문에 공부를 잘할 수 없다'는 식의 생각을 하게 된 것이다. 공부에 물려받은 자질이 중요한 것처럼 보이는 사례들이 분명히 있다. 서울대 출신의 부모 밑에서 서울대에 입학하는 자녀가 나오는 것이다. 그런데 그 반대의 사례들도 많다. 부모는 중졸인데 자녀는 서울대에 입학하는 사례 또한 다수이다. '공부에 반드시 좋은 IQ가 필요하다'는 주장은 입증되기 어렵다.

현재 우리가 사용하는 IQ라는 개념은 인간의 지능을 측정하기 위한 수단으로 개발된 것이 아니다. 20세기 초 프랑스 소르본대학의 심리연구소 소장이었던 알프레드 비네Alfred Binet는 인간의 지능에 대한 연구를 하던 와중에 당시 프랑스 교육부 장관으로부터 일반교실에서 정규수업을 따라가지 못하는, 즉 특수교육을 필요로 하는 학생들을 선별해낼 수 있는 방법을 개발해 달라는 의뢰를 받게 된다. 이를 위해 그는 하나의 검사 도구를 만들어내는데 이것이 바로 IQ검사의 출발점이다. 그는 IQ를 타고난 지능으로 규정하기를 강력하게 거부했다. 지능은 이렇게 간단하게 측정되는 것이 아니라고 믿었기 때문이다.

그렇지만 시간이 흐르면서 인간의 지능을 수치화하는 IQ검사는 보편화되었고, 오늘날에 이르러서는 인간의 지능, 똑똑한 정도를 IQ지수가 대신하게 되었다. 하지만 IQ검사는 정상적인 발달을 하지 못하는 아이들을 선별하기 위한 목적을 가진 간단한 측정 도구였고, 이것이 누군가의 공부를 잘할 수 있는 능력과 같다고 말할 수 없다.

사람은 누구나 자신만의 공부를 잘할 수 있는 가능성을 갖고 있다. 물려받은 지능이나 재능으로만 공부를 잘할 수 있는 것이라면, 노력을 통해서 공부의 신이 되는 사례가 없어야 할 것이다. 하지만 우리는 전교 꼴등이 서울대에 입학을 하고, 9등급이 1등급이 되는 사례들을 꾸준히 목격하고 있다. IQ와 지능의 관계에 대한 논쟁이 계속되고 있다면, 우리는 우리에게 유리한 식으로 받아들이고 공부를 하면 된다.

'타고난 지능과 상관없이 누구나 공부를 잘할 수 있다.'

우리에게는 그런 믿음이 필요하다.

전교 1등의 비밀, 메타인지력

공부를 잘하고 싶다면 '메타인지력'을 알아야 한다. 1970년대 심리학자 존 프라벨John Flavell에 의해 만들어진 용어로, '내가 할 수 있다는 사실을 아는 능력'이라는 뜻이다. 대체적으로 성인보다 청소년들은 메타인지력이 굉장히 낮다고 한다. 예를 들어 "단어 100개를 외운 후에 하루 뒤 몇 개의 단어를 기억할까?" 이런 질문을 받았을 때, 어른보다 청소년들은 훨씬 더 정확하지 못한 답을 내놓는다는 것이다. 한 연구에 따르면 성인은 60% 가까이 결과를 비슷하게 예측했으나 청소년들은 20%만 일치했다고 한다. 청소년이 성인이 되면서 메타인지력은 차츰 향상되는 것으로 밝혀져 있다. 이 메타인지력을 빨리 발달시키면 공부를 분명히 잘할 수 있다는 연구가 있다.

한 방송사에서 전국모의고사 석차가 0.1% 안에 들어가는 학생들과 성적이 평범한 학생들을 비교하는 실험을 했다. 실험 결과 우등생과 열등생의 결정적 차이는 IQ나 부모의 배경 등이 아닌 '메타인지'였다고 한다. 우등생은 메타인지력이 월등히 높았다. 나에 대해서 정확하게 파악하고 그에 맞는 공부법을 찾는 것, 이것이 공부를 잘하게 만드는 것이다. 반대로 실제로는 잘 모르는데 자신이 아는 것 같다고 생각하는 것, 그것이 공부를 망친다. 메타인지력에 방해가 되는 것들을 먼저 알아보자.

메타인지력에 방해가 되는 것

- 학원에서 선행학습을 해서 배울 내용을 안다고 생각한다.
- 대강 공부를 해서 내용을 대충은 안다고 생각한다.
- 평소에 자신의 공부법에 대해서 고민하지 않는다.
- 공부를 할 때 계획을 세우지 않거나, 즉흥적으로 공부를 한다.
- 성적이 떨어지면 기분만 나빠하고 문제점을 분석하지 않는다.

하나를 알아도 제대로 알아야 한다. 성적 향상에 직결되는 메타인지력을 높이는 방법을 알아보자.

메타인지력을 높이는 방법

평소에 꼼꼼하게 계획을 세우고 이를 실천·반성한다.

- 자신만의 공부법을 꾸준히 고민한다.
- 복습을 꼼꼼하게 한다.

여러 학자들의 연구를 종합하면, 메타인지는 결국 '기획, 점검, 조절'의 3가지 요소로 구성된다. 이를 학습에 적용하면 평소에 계획을 세우고(기획), 공부를 하면서 중간중간 효과가 있는지 점검하고, 계획을 실천한 후에는 이에 대한 반성을 하면서 계획을 수정하는 단계를 거치면 메타인지력을 기를 수 있다.

처음에는 계획을 세우고 이를 점검·반성하는 일이 어려울 수밖에 없다. 이 작업이 막연하고 어렵게 느껴진다면 매일 학습 일기를 쓸 것을 추천한다. 매일 자신이 공부한 이야기를 일기 형식으로 적다 보면 자연스럽게 자신의 계획을 점검·반성할 수 있다.

게임도 처음에는 어렵고 재미없다

요즘 학생들이 주로 하는 스마트폰 게임은 크게 2가지 종류로 나뉜다. 누구나 처음 접해도 즐길 수 있는 단순한 게임과, 어느 정도 게임에 대한 내용을 익혀야 하는 다소 복잡한 게임이다.

다소 복잡한 게임의 경우 처음에는 재미가 없다. 기본적인 조작법과 필요한 내용을 익혀야 하고, 경쟁의 방식이라면 매번 패배를 경험할 것이다.

그런 게임에서 재미를 느끼기 위해서는 초반의 답답한 과정을 이겨내고 결국 내가 그 게임을 잘하게 되어야 한다. 그때부터는 게임을 잘하기 때문에 더 자주 하게 되고, 자주 하기 때문에 게임을 더 잘하게 되는 선순환이 일어난다.

이 과정은 공부에도 적용된다. 어떤 공부도 처음에는 재미가 없다. 올바른 공부법에 대한 정보가 없어서 답답하고, 주변에는 모두 나보다 공부를 잘하는 아이들뿐이다. 좌절하고 자존심이 상하는 순간들이 이어진다. 이 과정을 이겨내야 한다. 시간이 지나서 결국 내가 공부를 어느 정도 잘하게 될 때, 나는 공부의 매력에 빠져든다.

기본적으로 공부는 재미가 없다. 처음 공부를 하면서 답답하고 짜증나는 것은 너무 당연한 과정이다. 이 과정을 이겨내고 공부를 잘하게 될 날을 기대하면서 우리는 꾸준히 오늘도 공부를 해야 한다.

자기 통제력을 길러라

유명한 심리 실험인 '마시멜로 실험'을 들어봤을 것이다. 실험 결과를 간단히 요약하면, 마시멜로를 지금 하나 먹을 수 있고, 나중에 2개 먹을 수 있는 상황에서 나중에 2개를 먹는 것을 선택한 아이들의 학업성취도가 높았다는 것이다. 참을 수 있는 힘은 학업성취도라는 더 큰 성공으로 이어진다. 공부를 할 때 가장 힘든 점은 눈앞의 유혹에 넘어가는 것이다. 스마트폰을 만지작거리고 싶고, 맛난 것을 먹으러 책상을 떠나고 싶다. 이 유혹을 이기지 못하면 영원히 공부를 잘할 수 없다. 지금 바로 활용할 수 있는 공부에 도움이 되는 팁들을 공개한다.

집 밖에서 공부하기

학교에서 공부를 하다 보면, 문득 집에서 공부를 하면 더 공부가 잘될 것 같다는 생각이 든다. 집에서 깨끗하게 씻고, 맛있는 것도 먹고 나면 기운을 내서 공부를 더 잘할 수 있을 것만 같다. 이것을 '악마의 유혹'이라고 부르고 싶다. 이런 생각이 드는 것은 자연스러운 일이다. 인간이라면 편하고 달콤한 것을 더 좋아하기 때문이다.

집에 가면 공부를 방해하는 것들이 너무 많다. 일단 앉을 수 있고, 누울 수 있는 공간이 있다는 것 자체가 공부에 도움이 안 된다. 평소 집에서 공부가 잘 안 되는 학생이라면, 최대한 집 밖에서 공부를 하자. 학교나 도서관에서 공부를 하자. 너무 힘들 때는 집 근처 카페에서 음료를 한 잔 마시면서 공부하자. 모든 긴장이 다 풀어지고 편안한 휴식이 있는 집은 공부하기에 적합한 곳이 아니다.

스마트폰 꺼놓기

스마트폰은 공부의 가장 큰 적이다. 스마트폰으로 할 수 있는 것들이 너무나 많다. SNS, 유튜브, 게임 등은 모두 공부에 도움이 되지 않는 것들이다. 물론 인강을 듣고, 모르는 단어를 검색해보면서 공부에 도움이 되도록 사용할 수도 있다.

하지만 100%의 확률로 스마트폰으로는 딴짓을 하게 된다. 여러분이 배고픈 상태에서 눈앞에 뜨끈뜨끈한 피자와 치킨이 있는데 여러분은 과연 이것들을 안 먹고 참을 수 있을까? 당장 달려들어 허겁지겁 먹지 않을까? 현대 문명을 살아가는 여러분에게 스마트폰을 없애라는 것은 너무 가혹한 해법일 것이다. 대신 공부를 할 때는 스마트폰을 끄자. 당장은 불안할 것이다. 하지만 한 번만 실천을 해봐도 그 효과를 느낄 수 있다.

나도 일을 할 때 인터넷이 접속되지 않는 환경에서 일하는 것이 능률이 훨씬 높다. 왜? 인터넷이 되면, 순식간에 딴짓을 하게 된다. 인간은 원래 유혹에 약한 존재다. 절대로 여러분의 의지력을 믿지 말고, 환경을 바꾸기 바란다.

잡생각노트 만들기

공부의 또 다른 적은 잡생각이다. 사람이 하루를 살다 보면 이런저런 일들이 생긴다. 그에 따른 생각도, 고민도 생기기 마련이다. 이런 것들은 공부에 있어서는 모두 잡생각이다. 공부를 할 때 잡생각이 생길 때마다 따로 만든 '잡생각노트'에 잡생각들을 적어보자. 친구와 놀 계획, 사고 싶은 물건, 보고 싶은 영상, 무엇이든지 공부와 관련 없는 생각이 떠오른다면 잡생각노트에 적자. 적고, 다시 공부에 집중하자.

적는 것만으로도 생각이 정리되고 머리가 맑아지면서 공부에 집중할 수 있게 될 것이다. 나도 잡생각노트를 갖고 있다. 집중력을 유지하기 위한 나의 최고의 무기 중 하나라고 생각한다. 지금 바로 실천해보자. 적는 행위가 가진 정리의 힘은 굉장히 크다.

이제 1등급의 영어 공부법을
제대로 배워보자

중고등학생이라면 영어 성적을 높이는 목표를 정하고 이를 달성하자. 이렇게 작은 목표들을 달성해 나가다 보면, 영어에 대한 자신감이 생기고, 더 많은 공부를 할 수 있게 된다.

영어 공부를 잘하고 싶다면 1만 시간을 공부하자

작가 말콤 글래드웰Malcolm Gladwell이 자신의 책 『아웃라이어』에서 언급한 '1만 시간의 법칙'은 분야를 막론하고 세계적인 수준의 전문가가 되려면 1만 시간의 연습이 필요하다는 이론이다. 1만 시간은 하루에 3시간, 일주일에 20시간씩 10년간 연습을 해야 도달할 수 있는 시간이다. 이 이론은 한 연구의 결과를 바탕으로 시작한다.

1993년, 스웨덴 출신의 연구원들이 '전문역량 습득에 의도적 연습의 역할The role of deliberate practice in the acquisition of expert performance'이라는 논문을 발표한다. 이 연구팀은 독일 서베를린 뮤직 아카데미의 스무 살 전후의 바이올린 전공 학생들을 세 종류로 나누어 교수들에게 추천을 받았다. 그들은 등급을 '세계적 프로 연주자가 될 사람^{Best} ^{Student}', '우수한 학생^{Good Student}', '그냥 공립학교 선생이나 될 사람 ^{Teacher}'으로 나누었다.

이들이 얼마나 연습했는지 조사해본 결과, Best Student 집단은 연습시간이 약 1만 시간, Good Student는 약 7천~8천 시간, 평범한 학생들은 약 3천~4천 시간을 연습했다는 결과를 얻었다. 이를 단순화시켜 작가 말콤 글래드웰은 '1만 시간의 법칙'이라는 개념을 만든 것이다. 공부와 관련해서 우리는 분명한 시사점을 얻을 수 있다.

각 분야를 대표하는 '천재'들은 사실은 연습의 천재, 노력의 천재인 경우가 많다. 세계적인 골프 선수 타이거 우즈는 골프광 아버지 덕분에 두 살이 되기 전부터 골프채를 쥐었고, 네 살 때부터는 전문적인 골프 트레이닝을 받았다고 한다. 그는 데뷔할 때 이미 1만 시간의 연습을 거친 후였다. 전설적인 농구 선수 마이클 조던, 살아 있는 전설인 축구 선수 크리스티아누 호날두는 모두 연습 벌레로 유명하다. 그들과 함께 연습한 동료들은 하나같이 그들이 왜 전설인지 알 것 같다고 말한다.

학교에서 10년간 교사로 있으면서 살펴보면, 공부를 잘하는 학생들이 공부를 못하는 학생들보다 더 열심히 공부한다. 모두가 떠들고 놀 때도 공부를 잘하는 학생들은 묵묵히 공부한다. 2018년 추석이었다. 내가 근무하는 학교에서는 단 한 명의 학생이 추석 기간에도 학교에 나와서 공부하겠다고 신청을 했다. 그 학생이 바로 우리 학교 전교 1등이었다.

여러분의 반은 어떠한가? 가장 공부를 잘하는 학생이 수업 시간에 가장 잠을 안 자고, 가장 집중하지 않는가? 공부를 열심히 하지 않으면서 재능 탓을 해서는 안 된다. 하루에 3시간 이상씩 공부하지 않으면서 주변을 탓한다면 이제 멈춰야 한다. 공부에서는 노력이 곧 재능임을 명심하고, 하루 3시간씩 묵묵히 책상에 앉아서 공부할 각오를 해야 한다.

영어 공부 습관, 이번에는 꼭 만들어보자

공부는 습관이다. 습관처럼 책상에 앉아서 자동으로 집중해야 한다. 문제는 '이런 습관을 어떻게 만드느냐' 하는 것이다. 어떻게 하면 여러분도 전교 1등 같은 공부 습관을 만들 수 있을까?

습관의 형성에 관한 베스트셀러 『습관의 힘』의 저자인 찰스 두히그 Charles Duhigg는 매일 오후 쿠키샵에 가서 초콜릿 쿠키를 사먹는 자신의 습관을 바꾸기 위해 '습관'에 대해 연구하기 시작했다고 한다. 그는 습관은 다음의 3단계를 거쳐서 형성된다고 이야기한다.

습관을 형성하는 3단계
– 1단계: 신호 (어떤 습관을 사용하라고 명령하는 자극)

– 2단계: 반복행동 (신호로 인한 몸의 행동, 감정의 변화)

– 3단계: 보상 (뇌가 이 과정을 앞으로도 기억할 가치가 있는지 판단하는 기준)

이 3단계를 바탕으로 찰스 두히그의 초콜릿 쿠키 사먹는 습관을 분석해보자.

- 1단계: 오후 3시~3시 반만 되면 쿠키가 먹고 싶다. (신호)
- 2단계: 쿠키를 사서 동료들과 나누어 먹으며 수다를 떤다. (반복행동)
- 3단계: 그는 매일 오후 수다를 떨고 싶다. (보상)

그는 자신이 원하는 보상이 동료들과의 수다라는 것을 알아냈고, 이제 쿠키를 사는 대신 3시 반이 되면 동료를 찾아가서 수다를 떤다. 똑같은 보상을 느끼기 때문에 자연스럽게 쿠키를 사먹는 습관을 고칠 수 있었다. 이렇게 신호와 반복행동, 보상을 파악하면서 나쁜 습관을 없앨 수 있었다.

이 과정을 이해했다면 이제 여러분의 습관을 변화시킬 차례다. 습관을 변화시키는 5단계 과정은 다음과 같다.

습관을 변화시키는 5단계

- 1단계: 자신이 고치고자 하는 습관(반복행동)을 찾는다.
- 2단계: 다양한 보상을 자신에게 주면서 보상을 파악한다.
- 3단계: 반복행동을 유발하는 신호를 찾는다. 거의 모든 신호는 장소, 시간, 감정 상태, 다른 사람, 직전의 행동 중 하나다.
- 4단계: 신호와 보상을 유지하면서 반복행동을 바꾼다.

공부를 방해하는 대표적인 나쁜 습관들을 함께 변화시켜보자. 공부를 시작하려고 하면 스마트폰을 가지고 놀고 싶고, 그로 인해 공부를 못하게 된다면 스마트폰 사용 습관을 변화시킬 필요가 있다. 이 경우 공부를 시작하려고 하는 때가 '신호'다. 이 신호는 스마트폰 사용이라는 '반복행동'을 일으킨다. 이로 인한 보상은 무엇일까? 스마트폰이 나에게 가져다주는 보상을 분석해야 한다. 스마트폰을 사용하면서 '재미, 즐거움'을 느낄 수 있다. 공부가 힘들기 때문에 잠시라도 재미를 즐기고 싶은 것이다. 정리하면 다음과 같다.

- 신호: 공부 시작할 때
- 반복행동: 스마트폰을 가지고 논다
- 보상: 재미

이제 신호와 보상은 그대로 두고, 반복행동을 교체하자. 나쁜 습관을 공부에 방해되지 않는 다른 것으로 바꿔야 한다. 재미를 느끼는 것은 사람마다 다를 것이다. 좋아하는 책을 잠시 읽어도 좋고, 좋아하는 아이돌 그룹의 노래를 한 곡 듣고 들어가도 좋다.

공부하기 전에 자신에게 재미와 기쁨을 잠시 주면 된다. 나는 믹스커피를 한 잔 마신다. 달콤한 믹스커피는 나에게 기쁨을 준다. 그래서 힘든 공부를 하기 전에 즐거움을 주는 믹스커피를 타서 마시면서 공부를 시작한다.

이렇게 하나하나 나쁜 습관들을 없애고 공부에 집중할 수 있는 환경을 만들자. 내 일상이 공부에 도움이 되는 습관들로 가득하고, 공부를 할 수밖에 없는 환경이라면 공부는 저절로 잘 될 것이다.

영어 공부 습관 만드는 데 66일이면 충분하다

목표를 세우고 공부를 시작했다면, 일단 최소 3주는 무조건 버텨야한다. 인간의 뇌는 변화와 부담이 되는 일을 싫어한다. 새로운 습관은뇌에는 부담이다. 이런 새로운 습관을 뇌가 받아들이는 데에는 21일이 걸린다고 한다.

'21일의 법칙'이라고 불리는 이 원리는 미국의 의사 맥스웰 몰츠Maxwell Maltz가 1960년대 그의 저서 『성공의 법칙』에서 처음 주장한 내용이다. 그는 사지를 잃은 사람이 잘린 팔과 다리에 심리적으로 적응하는 기간을 연구하다가 21일의 법칙을 내놓았다. 21일이 지나면, 뇌가 새로운 습관과 사실을 받아들인다는 것이다. 우리가 공부를 안 하다가 별안간 공부를 하면 처음에는 뇌가 거부 반응을 일으킨다. 그래서 쉽게 집중할 수 없다. 하지만 21일이 지나면 일단 뇌에서 이 행동을 받아들이는 것이다.

안타깝게도 3주를 버틴다고 해서 무조건 습관이 형성되는 것은 아니다. 이후 66일을 더 유지해야 습관이 완전히 내 것이 된다. 이는 2009년 〈유럽 사회심리학 저널〉에 실린 논문에서 밝힌 내용이다. 이논문에 참가한 사람들은 총 12주 동안 '먹기, 마시기 혹은 특정한 행동'을 선택해서 매일 같은 조건하에 실시했다. 실험 결과 어떤 행동이 습관이 되기까지 걸린 시간은 평균 66일이었다. 두 달 정도 되는 시간이다.

이를 간단히 정리하면, 3주 동안 새로운 습관을 뇌에 각인하고, 66일을 추가로 노력해서 그 습관이 몸에 배도록 해야 한다는 것이다. 즉 총 3개월의 시간이 필요하다. 어떤 습관을 만들고자 한다면 3개월은 꾸준히 실천해야 나의 뇌가 그 행동을 거부감 없이 받아들이는 것이다.

지금까지 여러분은 계획을 세우고 이를 3개월간 꾸준히 실천했는가? 아마 아닐 것이다. 여러분뿐만 아니라 우리는 대부분 이 정도의 지력을 발휘하기 어렵다. '작심삼일'이라는 말이 괜히 있는 것이 아니다. 하지만 공부를 잘하고 싶다면, 지금의 상태에서 벗어나고 싶다면, 3개월의 약속을 지켜야 한다.

영어를 잘하고 싶다면, 일단 단어를 외워야 한다. 하루에 30분씩 영어 단어를 외우기로 결심했다면, 이것을 3개월간 매일 반복해야 한다. 물론 이는 쉽지 않은 계획이다. 공부하는 습관이 전혀 없던 학생이 매일 30분씩 3개월간 공부를 한다는 것은 정말 어려운 일이다. 아마 대부분의 학생들이 실패할 것이다. 그래서 공부를 잘하는 학생은 적고, 공부를 못하는 학생은 많은 것이다.

여러분에게 정말 영어를 잘하고 싶은 마음이 있다면, 매일 각오를 다지고, 공부할 수 있는 습관을 형성하면서, 공부 환경을 만드는 노력을 종합적으로 기울여야 한다. 막연한 공부는 반드시 실패하기 마련이다. 공부 습관 형성에 최소 3개월의 시간이 필요한 것을 알고, 지금부터 3개월 계획을 스스로 짜서 여러분의 미래를 이번 기회에 바꾸기 바란다.

영어 공부, 나도 얼마든지 잘할 수 있다

여러분이 만약 미국에서 태어났다면 당연히 영어를 잘했을 것이다. 어린 시절 영어권 나라에서 살았다면 분명 지금보다 영어를 유창하게 했을 것이다. 하지만 여러분은 대한민국에서 태어났고, 평범한 학생으로서 초등학교·중학교 시기를 보냈다. 혹시 중학생이라면, '지금 공부해서 영어를 잘할 수 있을까'라는 의문이 들 수도 있다. 뒤늦게 영어 공부를 결심한 많은 학생들이 자신들의 늦은 출발에 대해서 많이 불안해한다.

언어 습득과 관련해서 가장 널리 알려진 이론 중 하나는 '결정적 시기 가설Critical Period Hypothesis'이다. 1967년 렌네버그Lenneberg는 언어 습득이 뇌기능 분화가 완성되는 사춘기 이전에 일어나야 한다는 주장을 펼쳤고, 이 주장이 결정적 시기 가설의 기원이 되었다.

이를 뒷받침하는 사례가 있다. 제니라는 아이는 생후 20개월부터 13세가 될 때까지 어두운 방에 갇혀 학대받았고, 1970년 LA의 사회복지사들에 의해 구출될 때까지 언어를 배울 기회를 박탈당했다. 이후 전문가들이 제니에게 여러 방법을 동원해 언어를 가르쳤지만 제니는 끝내 제대로된 문법 구조를 갖춘 언어를 구사하지 못했다. 결정적 시기를 놓친 것이다.

이 '결정적 시기'는 언어 교육에서 널리 인용되면서 우리나라 학생들과 학부모들의 머릿속에 어렴풋이 들어간 듯하다. 그래서 우리는 결정적 시기를 놓치지 않으려고, 한 살이라도 어렸을 때부터 영어를 가르치려고 애쓴다. 산후조리원에서 영어 노래를 틀어주고, 유치원에서 영어를 가르치고, 아이가 한 살씩 나이가 많아질수록 조바심을 낸다. 그런데 사실 이 결정적 시기는 확실히 검증된 이론이 아니다. 단지 하나의 가설에 불과하다.

결정적 시기의 반대편에서는 '본능적으로 행동하는 영유아 시기부터 조기 교육을 한다고 언어를 습득할 수 있는 것이 아니다'라는 주장을 펼친다. 언어능력이라는 것은 복잡한 과정이기 때문에 어느 정도 인지능력이 발달된 후에야 제대로 언어를 습득할 수 있다는 것이다. 숫자 개념이 없는 아이에게 one, two, three를 아무리 알려줘도 이해하지 못한다는 것이다.

조기 교육을 지지하는 측도, 반대하는 측도 각자의 논리가 있다. 중요한 사실은 지금 영어 공부를 제대로 시작하려고 하는 여러분이 중학생이나 고등학생이라도 영어를 잘할 수 있다는 것이다. 영어 외에 다른 과목들을 공부하면서 인지능력이 충분히 발달하고 있는 이때 영어를 공부하면 훨씬 더 깊이 있게 이해하면서 영어 공부를 할 수 있을 것이다.

중학교 때 혹은 고등학교 때가 되어서야 미국으로 건너가서도 아무런 문제없이 원어민처럼 영어를 구사하는 이들이 수도 없이 많다. '결정적 시기'라는 검증되지 않은 이론에 주눅들어서 아예 해보지도 않고 포기하는 것보다, 할 수 있다고 믿고 과감하게 늦은 출발을 하기 바란다.

콩글리쉬도 괜찮다, 정말 괜찮다

나는 대학교 때 미국에 처음 가봤다. 미국에 도착해 호텔 체크인을 하면서 큰 충격에 빠졌다. 호텔 체크인을 히스패닉계 아저씨가 했는데, 나는 그의 발음을 전혀 알아들을 수 없었다. 스페인어와 영어 억양과 발음이 섞여서 전혀 알아들을 수가 없었다. 나는 지금까지 듣기 평가를 틀려본 적이 없었는데, 그의 발음은 전혀 알아들을 수 없었다. 이후에도 상점들을 방문하면서 만났던 흑인들, 다양한 인종의 사람들은 자신만의 엑센트로 영어를 구사했다.

미국에서 굉장한 인기를 얻은 〈모던패밀리〉라는 드라마가 있다. 미국 ABC에서 2009년부터 방영되고 있는 이 작품은 세 가족의 일상을 번갈아가며 보여준다. 그 중에서도 매력적인 캐릭터가 한 명 있다. 콜롬비아계 여성으로 재혼을 해 미국에서 생활하는 글로리아라는 인물이다. 이 여성은 스페인어 억양 그대로 영어를 사용한다.

그리고 극중에서 영어를 잘못 사용하는 상황도 종종 등장한다. 이는 미국 사회에서 빈번히 일어나는 일을 그대로 보여주는 것이다. 미국 내에서 5천만 명 이상이 스페인어를 구사할 수 있다고 하고, 그 외에도 미국 사회는 중국, 베트남, 한국 등 다양한 문화적 배경을 가진 민족들로 구성되어 있다. 그들은 모두 자신의 모국어를 바탕으로 영어를 구사한다. 그리고 그것이 너무나 자연스럽다. 한국인이라면 한국어의 영향을 받은 영어를 구사할 거라 원어민들도 기대하고, 그것이 자연스러운 것이다.

외국인이 한국말을 한다고 했을 때 우리와 똑같은 발음과 억양을 사용할 것이라고 생각하지 않는다. JTBC에서 인기리에 방영되었던 〈비정상회담〉을 보면, 방송에 등장하는 외국인들은 문화, 역사, 사회 제도에 대해서까지 토론할 수 있는 수준의 한국말을 구사하지만 그들 중 누구도 우리와 똑같은 억양과 발음으로 한국말을 구사하지는 않는다. 하지만 그들의 한국말은 오히려 우리보다 더 깔끔하게 정돈되어 있으며 의사를 확실하게 전달한다.

우리의 영어도 외국인들에게 이렇게 비춰질 것이다. 동양인의 얼굴을 하고 있다면 동양인에게 기대하는 영어가 있다. 따라서 우리는 우리식대로 이야기를 하면 되는 것이다. 신발을 사러 갔으면 신발을 사고 싶다고 말하고, 음식점에 가면 음식을 정확하게 주문하면 되는 것이다.

알아듣지 못할 정도의 콩글리쉬는 문제가 있다. 많은 학생들이 영단어를 눈으로만 배우는 과정에서 발음을 잘못 익히는 경우가 있다. 특히 발음되지 않는 묵음이 포함된 단어들의 발음이 그러하다. 학생들이 잘못 발음하는 단어들은 다음과 같다.

학생들이 잘못 발음하는 단어들

– salmon 살먼(X) → 새먼(O)

– comb 컴브(X) → 컴(O)

– subtle 서브틀(X) → 서틀(O)

– determine 디털마인(X) → 디털민(O)

– undermine 언덜민(X) → 언덜마인(O)

이렇게 발음이 심각하게 틀리는 경우가 아니라면 좀 덜 굴려도, 다소 딱딱하게 끊어 읽어도 의사소통에 큰 문제가 되지 않는다. 콩글리쉬를 두려워해서 영어를 말하지도, 쓰지도 못해서는 곤란하다. 이 마음의 벽을 빨리 허물수록 영어가 빨리 는다.

현실적인 목표부터 시작하자

여러분이 키에 비해 몸무게가 많이 나가서 다이어트를 결심했다고 생각해보자. 남학생의 경우, 여러분의 목표가 보디빌더 같은 근육질 몸을 갖는 것이라면 아마도 목표를 달성하기 쉽지 않을 것이다.

인정하자. 우리 대부분은 그런 완벽한(?) 몸을 가질 수 없다. 뼈를 깎는 노력과 열정 없이는 절대로 그런 몸을 평생 가질 수 없다. 괜히 이런 목표를 세우면 '어차피 안 될 텐데'라는 생각에 금세 다이어트를 포기될 수 있다. 비현실적인 목표는 우리의 열정을 빠르게 식게 만든다.

'하루 30분 걷기, 밥 두 숟가락 덜 먹기.' 이 정도가 적절한 목표라고 생각된다. 이처럼 실천할 수 있는 목표를 정해서 꾸준히 실천하면서 한 달에 1kg, 2kg 정도를 감량하는 것을 목표로 한다면, 이것은 할 수 있다. 이렇게 작은 목표를 세워서 일단 성공한 후에, 차츰 운동량을 늘리고 더 높은 목표를 세워 실천한다면 언젠가는 우리도 몸짱이 될 수 있다.

일단 현실적인 목표를 세우는 것이 중요하다. 영어 공부를 시작할 때 원어민 수준의 영어를 구사하는 것을 목표로 하는 것은 바람직하지 않다. 특히 발음까지 똑같이 하기 원한다면, 이는 비현실적인 목표다. 한국말로 종횡무진 방송가를 누비는 외국인 샘 오취리도, 샘 해밍턴도, 로버트 할리도 우리와 똑같은 발음과 억양으로 한국말을 구사하지는 않는다.

한계를 인정하고 현실적인 목표를 세우자. 우리 모두는 몸짱이 될 필요가 없고, 영어를 원어민처럼 하지 않아도 괜찮다. 지금보다 조금 더 영어를 잘하는 것을 목표로 하자.

이 책을 읽고 있는 여러분이 중고등학생이라면 영어 성적을 높이는 목표를 정하고 이를 달성하자. 이렇게 작은 목표들을 달성해 나가다 보면, 영어에 대한 자신감이 생기고, 더 많은 공부를 할 수 있게 된다. 목표를 하나씩 달성해 나가다 보면, 먼 훗날 여러분은 영어통번역사가 되어 있을 수도 있다.

한계를 인정하고 현실적인 목표를 세우자.

영어를 원어민처럼 하지 않아도 괜찮다.

지금보다 조금 더 영어를 잘하는 것을 목표로 하자.

공부에 때가 있다는 말을 들어봤을 것이다. 치열한 입시 경쟁이 벌어지는 대한민국의 교육에서는 이 말이 더욱 적용된다. 시기별로 해야 할 것들을 챙기지 않으면, 돌이킬 수 없는 손해를 볼 수 있다. 특히 각 가정의 첫째 아이는 학생과 학부모가 모두 처음 초등학생이 되고, 중고등학생이 되기 때문에 모든 것이 낯설고 서툴다. 이때 정확한 지침이 없으면 우왕좌왕하면서 주변의 이야기에 쉽게 흔들린다. 정확한 정보가 필요하다. 이번 장에서는 대한민국에서 태어난 학생들이 초등에서 고등까지 어떤 과정을 거쳐서 대학에 가는지, 그 과정에서 무엇이 필요한지 정리한다. 학생들과 학부모 모두에게 도움이 되는 내용일 것이다. 이번 장의 내용을 꼼꼼하게 읽고 실천해, 불안해하거나 흔들리지 않고 대한민국의 교실에서 승리하기를 기원한다.

시기에 맞는
영어 공부법은 따로 있다

3

초등학교 영어 공부는 이렇게 하자

> 엄마가 직접 지도하면서 다양한 영어 경험을 아이에게 쌓아주는 것이 중요하다. 이 경험들은 중학교 입학 후 아이가 영어 공부를 하는 데 자양분이 된다.

영어의 기초 체력을 기르는 시기

현재 초등학교에서는 3학년 때부터 영어를 배운다. 초등학교에서 배우는 영어는 말하기 위주다. 상황별, 기능별로 필요한 말하기를 다양한 활동을 통해서 배운다. 초등학교 시기는 시험이 따로 없기 때문에 자신의 영어 실력을 객관적으로 가늠하기 어렵다. 초등학생도 공인영어시험에 응시해서 자신의 영어 실력을 점수화할 수도 있지만, 굳이 시험에 응시할 필요 없이 초등학교 시기에는 영어의 기초 체력을 기르는 것이 중요하다.

일상에서 우리는 다양한 방법으로 기초 체력을 기를 수 있다. 걷기, 달리기, 자전거 타기, 등산 등 모든 것이 기초 체력을 기르는 데 도움이 될 것이다. 초등학교 시기의 영어 교육도 비슷하다. 최고의 방법이 딱 하나만 있다고 생각하지 말고, 아이의 성향이나 가정의 여건을 고려해서 영어책도 많이 보고, DVD도 보고, 유튜브 영상도 활용하고, 도서관도 자주 방문해서 영어와 관련된 경험을 쌓으면 된다.

아무래도 아이들은 영상에 더욱 집중하기 마련이다. 영상에 너무 치우치기보다는 책도 보고, 엄마가 직접 영어 지도도 하면서 다양한 영어 경험을 아이에게 쌓아주는 것이 중요하다. 이런 경험들은 중학교 입학 이후 아이가 영어 공부를 하는 데 자양분이 된다.

영어 공부법 서적을 참고하자

중학교 입학 전까지는 영어책, DVD를 이용해서 아이에게 엄마가 직접 영어를 가르칠 수 있기 때문에 부모들도 영어 교육에서 큰 역할을 할 수 있다. 아이가 7~10세에 이를 때까지 어떻게 영어 교육을 해야 하는지에 대한 책들이 시중에 정말 많다. 초등학교 시기에 학교 교육 외에 집에서 영어를 교육하고 싶다면 시중의 방법서들을 참고하면 된다.

이 시기의 영어 공부법에 대한 책들은 주로 DVD, 영어책을 소개하고 그것들을 활용하는 방법을 알려준다. 책마다 내용은 약간씩 다르다. 하지만 어떤 특정 방법을 고집할 필요 없이 다양하게 공부해도 괜찮다. 아이가 꾸준히 영어에 많이 노출되는 것이 가장 중요하다.

우리 아이가 영어 유치원에 다니지 않아도, 국제학교에 보낼 수 없어도 괜찮다. 소수의 특별한 경우를 보면서 비교하기보다는 주어진 여건 안에서 최선의 교육을 하는 것이 중요하다. 초등학교 시기는 분명 가정에서 부모의 노력으로 아이에게 충분한 영어 노출을 할 수 있는 시기이다.

교육은 마라톤이기 때문에 초반 100미터를 누가 앞서간다고 해서 무리해서 좇을 이유가 없다. 결승선에 누가 먼저 들어가게 될지는 고등학교 졸업 전까지 아무도 장담할 수 없다. 다음 책들은 많은 사람들의 인정을 받은, 초등학생을 위한 영어교육법 책이다.

잠수네 아이들의 소문난 영어 공부법
이신애, 알에이치코리아(RHK)

중학교 이전 과정의 아이들 영어 교육 분야에서 베스트셀러이다. 교육정보 사이트 '잠수네 커가는 아이들'에서 부모가 아이들의 영어 교육을 맡아서 한 성공담을 정리해서 책으로 발간했다. 흘려듣기, 집중듣기 등 영어 교육을 할 수 있는 방법을 제시하고, 이에 적합한 교재, DVD 목록을 제공한다

엄마표 영어 17년 보고서
새벽달(남수진), 청림life

새벽달이라는 아이디로 네이버 블로그를 오랫동안 운영한 저자의 영어 교육 경험을 누적 정리한 보고서에 가까운 책이다. 이 책은 17년 동안의 저자의 영어 교육 경험을 담고 있기 때문에 응축된 내용을 한 권의 책으로 만날 수 있는 장점이 있다. 실전적 방법을 다룬 『엄마표 영어 17년 실전노트』를 추가로 출간했다.

세상에서 제일 쉬운 엄마표 생활영어
홍현주, 동양북스

아이와 일상 회화 정도를 영어로 나누고 싶다면 이 책을 추천한
다. 엄마를 위한 기초 회화 분야에서 독보적 1위이다. 아주 오래
전부터 엄마를 위한 상황별·기능별 회화책을 출간하던 저자의
최신작이다. 영문법을 따로 공부하지 않아도, 이 책에 등장하는
회화들을 통째로 암기해서 아이와 영어로 대화를 나눌 수 있다.

위 책의 저자들은 엄마표 영어를 주제로 다양한 강연 활동도 하고
있다. 조금만 관심을 가지면 각 지역에서 실시하는 강연에 참석할 수
있을 것이다. 이외에도 중학교 입학 전의 아이들을 위한 영어 공부법
책들이 굉장히 많이 있는데, 더 좋은 '방법'만 찾아다닌다면 실수하는
것이다.

책 한 권, DVD 한 편이라도 제대로 읽어주고, 보여주고, 활용하는
것이 중요하다. '방법'을 찾기보다는 '실천'에 중점을 두고 초등학교
시기에 아이들이 영어에 충분히 노출될 수 있도록 하자.

늦게 영어를 시작해도 괜찮다

초등학교 시기는 부모 입장에서 마음이 급한 시기다. 영어 유치원
을 다닌 친구들과 실력 차이는 많이 나고, 실제로 초등학교에서 영어
를 배울 때 학생 간에 영어 수준 차이가 심하다. 어려서부터 영어 유

치원을 다녀서 기본 회화에 능통한 학생들과 그렇지 않은 학생들의 수준 차가 나는 것이다. 이런 상황에서 대부분 평범한 가정의 부모들은 마음이 급할 수밖에 없다.

어렸을 때부터 영어에 노출된 아이들은 초등학교 때쯤 되면 기본적인 영어 회화가 자연스럽게 이루어지는 경우가 많다. 하지만 대한민국의 교육은 오직 결과로 말한다. 초등학교에서 영어를 잘한다고 해서 명문 대학에 입학하고, 원하는 자신의 꿈을 이룰 수 있다는 보장은 없다.

혹시 영어 유치원이나, 영어 교육을 미리 하지 못해서 걱정이라면, 늦게 출발해서 성공한 사례에도 주목하기 바란다. 『美명문대에서 통하는 영어』의 저자 김수봉 씨는 이 책에서, 자식들이 초등학교 5학년 때부터 영어를 직접 가르치며, 딸을 일반고를 거쳐서 해외 명문 대학에 보내기까지 경험을 이야기한다.

그는 초등학교 5학년은 인지 능력이 발달하기 때문에 단번에 많은 내용을 흡수할 수 있다고 주장한다. 그 이전에는 인지 능력이 발달하지 않았기 때문에 배우는 내용을 제대로 이해하지 못한다는 것이 그의 주장이다.

이 책을 보면 정말 치열하게 아버지가 딸의 영어 교육을 책임졌다. 직장인 아버지가 퇴근 후 제한된 시간 동안 딸의 교육을 위해서 최선을 다했음이 느껴진다. 그리고 마침내 대한민국에서 태어난 평범한 딸의 영어 실력을 미국 명문대에 입학 가능한 수준까지 끌어올린다. 이때 가장 큰 역할을 한 것은 아버지의 재력이 아닌 열정과 노력이다.

초등학교 영어 교육은 의지만 있다면 요즘의 학부모 누구나 할 수 있다는 것을 다시 한 번 기억하자.

조기 영어 교육의 효과는 계속 논의가 되고 있는 이슈다. 너무 이른 시기의 영어 교육은 효과가 덜 하다는 연구가 있다. 무조건 빨리 출발하는 것이 좋은 것은 아니라는 연구 내용이 분명 존재한다. 분명한 것은 초등학교 고학년 때, 즉 늦게 출발해도 영어를 충분히 잘할 수 있다는 점이다. 부모가 열정을 가지고 아이에게 애정 어린 영어 교육을 하는 것이 핵심이다.

초등 고학년에서는 중학교를 대비하자

우리나라에서는 초등학교 교사와 중고등학교 교사를 나누어서 뽑는다. 초등학교 교사는 교대를 졸업하고, 중고등학교 교사는 사범대를 졸업한다.

대학에서 배우는 내용 자체가 다르고, 사실 중학교 영어 교사는 초등학교에서 어떤 영어 교육이 이루어지는지 잘 모르는 경우가 많다. 나는 중학교에서 교사를 시작했다. 1년차에 중1을 가르치게 되었는데, 이들이 초등학교 때 어떤 영어 교육을 받았는지 전혀 모르는 채 영어 교과서에 있는 내용을 가르쳤다.

중학교 영어 교과서는 약간의 듣기, 본문, 문법 포인트로 구성되어 있다. 나는 학생들이 초등학교에서 영문법을 배우지 않았다는 사실을 전혀 알지 못하고, 당연하게 문법과 본문 해석을 가르쳤다.

학생 입장에서 생각해보자. 초등학교까지 듣기, 말하기 위주의 영어 공부를 하던 학생은 중학교에 입학하면서 별안간 생소하고 어려운 문법과 긴 교과서 본문을 공부해야 한다. 영문법을 배운 적이 없고, 문법을 바탕으로 문장 해석을 하지 않은 학생들에게는 그야말로 충격일 것이다.

이 충격을 줄이기 위해서는 초등학교 고학년 때 문법과 독해 공부를 시작해야 한다. 초등학교 저학년 때는 다양한 영어 경험을 쌓으면서 영어와 친해지고, 빠르면 4학년, 늦어도 5학년이 되면 중학교 입학 이후를 대비하는 것을 추천한다.

대한민국 교육은 초등에서는 중등을, 중등에서는 고등을 미리 내다보고 대비하면 된다. 초등과는 전혀 다른 중등 영어의 특징을 아래의 표로 살펴보자.

초등에서 중등의 변화

초등 영어	중등 영어
– 말하기와 듣기 위주 – 본문 없음 – 시험 없음	– 문법과 읽기 위주 – 말하기와 듣기는 수행평가로 반영 – 교과서 본문 등장 – 중간·기말 고사

이런 변화에 대비해서 영역별로 초등학교 고학년 때 준비할 것들

을 정리한다. 핵심은 영단어 암기를 시작하고, 기초 문법을 배워서 문장을 해석하고, 긴 글을 읽을 준비를 갖추는 것이다.

영단어

중학교에서 만날 긴 본문에 대비해서 영단어 암기가 반드시 필요하다. 교육부선정기본단어 1,200개 정도는 기본적으로 암기하는 것이 좋다.

초등학생들을 위한 영단어장도 있지만, 중학교 이후를 생각한다면, 처음부터 중학교 수준의 단어를 외울 것을 추천한다. 영단어를 외우는 방법은 이후에 영역별 공부법에서 다시 알아본다.

60일 만에 마스터하는 중학 필수 영단어 1200
정승익, 원앤원에듀

중학 필수 단어 1,200개를 60일간 collocation(연어)을 이용해 효과적으로 외울 수 있는 책. 한 권의 책을 완독하면 1,200개의 단어를 2번 볼 수 있도록 구성된 것이 특징. 중학에서 필요한 기초 문법 60가지를 추가로 담음. 유튜브에 해설 강의 제공.

한 권으로 영포자를 탈출하는 중학 필수 영숙어 1200
정승익, 원앤원에듀

중학에 필요한 숙어 1,200개를 60일 동안 덩어리를 이용해서 외우는 책. 초중등 수준에 필요한 거의 모든 숙어를 수록하고 있음. 중학교에서 접하게 되는 주요 문법들도 싣고 있음. 유튜브에 해설 강의 제공.

EBS My Word Coach : 중학영단어 60일 완성 프로젝트
윤진섭, 한국교육방송공사

초등 고학년에 필요한 단어들이 수록된 책. 예문이 풍부하고, 문제도 충분히 싣고 있어서 단어에 대한 완전학습을 할 수 있는 책. EBS사이트에서 교재를 기반으로 한 강의를 무료로 들을 수 있는 것이 장점.

영문법

아이의 첫 영문법 강의 선택은 굉장히 중요하다. 주변의 어른들 중에 학창 시절 영어를 재미없게 가르치시던 선생님 때문에 평생 영어와 담을 쌓고 사는 분들이 꽤 있다. 초등학생을 위한 영문법 강의는 문제 위주가 아닌 영문법의 개념을 세울 수 있는 강의여야 한다. 영문법이 왜 필요한지, 어떻게 문장에서 활용되는지를 친절하고 논리적으로 설명해야 학생들이 제대로 영문법을 이해할 수 있다.

아래 강좌들은 EBS에서 무료로 수강할 수 있는 강좌들이다. 이들 강좌는 문법을 알기 쉽게 설명하고, 문법을 이용해서 문장을 해석하는 연습을 한다.

강좌 바로가기

EBS더쉬운 영문법 1탄

초등학교 고학년이 듣기에 적당한 영문법 강좌. 중학에 필요한 문법 개념들을 친절한 설명과 함께 배울 수 있음. 강사의 PDF교안으로 강의 진행.

EBS더쉬운 영문법 2탄

초등학교 고학년이 듣기에 적당한 영문법 강좌의 2탄. 1탄, 2탄까지 들어야 기초 문법을 완성할 수 있음. 강사의 PDF교안으로 강의 진행.

강좌 바로가기

EBS그래머코치 기초편

EBS에서 정식 교재가 출간되었고, 이에 대한 강의. 초등 고학년, 중학교 1학년이 듣기에 적당함. 많은 개념을 배우는 것은 아니지만, 문법에 대해서 적응할 수 있는 강의. 초등학생의 첫 문법 강의로 기초편을 추천.

강좌 바로가기

EBS그래머코치 표준편

정식 교재가 출간되었고, 이에 대한 강의. 표준편은 중1, 중2가 듣기에 적당함. 기초편보다 문법의 분량이 2배 정도 많음. 한 권으로 중학 문법 대부분을 익히고 싶다면 표준편을 추천.

강좌 바로가기

독해

초등학교에서는 읽을거리를 많이 다루지 않는다. 듣기와 말하기가 수업의 중심이기 때문이다. 하지만 중학교 입학 후에는 바로 교과서 본문을 해석해야 하기 때문에 초등 고학년 때 영어로 된 글을 읽는 연습을 시작해야 한다.

초등학교 시기에는 문제집으로 공부하기보다는 다양한 영어 원서 읽기를 추천한다. 문제집으로 공부를 하면, 아이는 자연스럽게 문제의 답을 찾는 것에 집중한다. 초등학교 시기에 필요한 능력은 답을 찾는 능력이 아니라 문장을 해석하는 능력이다. 다양한 영어책을 읽으면서 내용을 파악하고, 내용에 대한 자신의 생각을 정리하는 식으로 공부하는 것이 현명한 공부법이다.

위에서 언급한 영어 공부법 책들을 보면 시기별·난이도별로 다양한 영어원서들을 소개하고 있다. 수준에 맞게 영어책을 최대한 많이 읽는 것이 중학교 이후의 과정에 도움이 된다. 다양한 재미있는 영어 읽을거리를 통해서 영어에 대한 흥미와 내공을 쌓자.

중학교 영어 공부는 이렇게 하자

> 중학교에서 조금 더 큰 목표를 가지고 영어 공부를 해야 한다. 그렇게 해두면 나중에 고등학교에 입학한 후 상상도 못할 엄청난 이득을 누릴 수 있게 될 것이다.

문법과 읽기로 작전 변경!

초등학교에서 중학교로 넘어오면서 과감하게 영어 교육의 중심을 문법과 읽기로 옮길 필요가 있다. 이유는 시험 성적을 일단 확보하기 위함이다. 초등학교까지는 학교에서는 말하기 위주의 수업을 하고, 집에서는 주변에서 추천 받은 영어 원서를 읽고, 영어 DVD를 시청하는 식으로 대부분 공부를 한다.

그러다가 중학교에 입학을 하면 바로 교과서 위주의 수업이 시작된다. 문법과 읽기가 중심이 된 수업이 시작되면, 초등에서 쌓은 영어 실력이 사라질까봐 어학원을 다니면서 말하기 실력을 강화하는 경우기 많다.

하지만 일단 학교 영어 시험 성적이 보장되어야 한다. 시험 성적이 보장되지 않는 상태에서 학부모의 욕심 때문에 말하기와 듣기 공부를 병행하면 공부량이 많아서 학생이 힘들면서도 결과가 썩 좋지 않은 경우가 다수 발생한다.

중학교에서 문법과 읽기를 강조해야 하는 이유

- 중학교 2학년 이후의 영어 성적은 특목고와 자사고 입시에 활용되기 때문에 영어 시험에서 A등급을 받아야 한다. 이를 위해 튼튼한 기초를 세울 시기가 중1 때다.
- 고등학교 진학 후에는 또다시 문법과 읽기가 영어 교육의 중심이 되기 때문에 중학교에서 그 기초를 마련하는 것이 중요하다.

학교 시험 성적이 정상권으로 안정이 되면, 마음 편하게 추가적으로 영어 공부를 하면 된다. 앞서 강조했던 시험을 위한 영어와 유창성을 위한 영어라는 2마리 토끼를 한 번에 모두 잡으려고 하지 말고, 영어 내신을 먼저 잡은 후에, 유창성을 위한 영어를 그 다음에 잡는 것이 현명하다.

일단 중학교 입학을 앞두고 있거나 중학교에 입학을 했다면 문법과 읽기로 주된 영어 공부의 방향을 바꾸고, 영어 시험 성적 A등급을 확보하자.

중학교에서 중요한 내신 관리

중학교 시기의 영어 성적은 특목고와 자사고 진학에 사용되기 때문에 관리할 필요가 있다. 학교별로 약간씩 차이가 있지만 자사고와 국제고는 국영수사과 성적이 모두 입시에 반영되고, 외고는 학교별로 차이가 있지만, 영어과목이 입시 결과에 결정적인 영향을 미친다.

중1은 적응 시기로 생각해 성적을 반영하지 않는 학교가 대다수다. 2018년 서울대 합격생을 55명 배출한 전국 명문 자사고인 하나고를 예로 들면, 2018년 기준으로 다음과 같이 성적이 반영된다.

학기별 반영 비율

학기	2학년 1학기	2학년 2학기	3학년 1학기	3학년 2학기
반영비율	20%	20%	30%	30%

교과목별 가중치

과목	국어	사회/역사	수학	과학	영어
가중치	3	1	3	1	3

성취도별 환산점수

성취도 점수	A	B	C	D	E
환산점수	40	30	20	10	0

앞의 표를 보면, 2학년 성적부터 입시에 반영됨을 알 수 있다. 그리고 영어는 3이라는 높은 가중치를 갖고 있다. B등급을 받으면 A등급에 비해서 점수가 10점 떨어진다. 합격과는 그만큼 멀어진다고 보면 된다. 중학생 학부모라면 서울대에 수십 명씩 보내는 학교에 아이가 진학했으면 하는 바람이 있을 것이다.

그렇다면 내신 성적을 철저하게 관리해야 한다. 최고 등급인 A등급을 벗어나면 합격이 보장되지 않는다. 특히 영어 과목은 국제고와 자사고에서 가중치가 높고, 현재 외고는 영어 성적이 입시에 결정적인 역할을 하기 때문에 무조건 A등급을 받아야 한다.

중학교 영어 내신 성적 ≠ 영어 실력

중학교 영어는 절대평가 방식으로 성적을 부여받는다. 영어에서 90점을 넘으면 최고 등급인 A등급을 받을 수 있다. A등급 인원에 제한이 없기 때문에 누구나 열심히 하면 90점을 받을 수 있다. 시험 범위가 보통 3단원 정도이기 때문에 3단원에 해당하는 단어, 본문, 문법을 바짝 공부하면 A등급을 받을 수 있다. 본문 분량이 얼마 안 되기 때문에 본문 내용을 외워서 시험을 대비하는 학생들도 다수이다. 하지만 A등급을 받는 학생들이 착각하는 것이 있다. A등급을 받는 자신의 영어 실력이 최상위권이라고 생각하는 것이다.

절대로 중학교 내신에서 받는 등급이 자신의 영어 실력은 아니다.

중학교 내신 시험은 단어 30~50개, 문법 포인트 6개, 문장 30~50개 정도를 공부하면 최고 등급을 받을 수 있다. 하지만 자신의 진짜 영어 실력은 고등학교 입학 후에 밝혀진다.

중3인 학생은 고등학교에 입학하자마자 3월에 모의고사를 치른다. 모의고사에서 영어 영역은 사실상 범위가 없는 시험이다. 처음 보는 지문을 해석하고 문제를 풀어야 한다. 중학교에서 A등급을 받던 학생들이 고등학교에서 모의고사 4등급~5등급을 받고, 내신 9등급제에서는 4등급 이하의 성적을 받는 경우가 많다. 이들은 중학교 때 시험 범위만 공부하면서 등급을 유지했던 학생들이다. 중학교 영어 내신 성적만 믿고 있다가는 고등학교 1학년 때 큰 좌절을 맛보게 된다.

중학교 때 자신의 진짜 실력을 확인할 수 있는 손쉬운 방법이 있다. 중2, 중3 정도가 되면 고1 영어 모의고사를 미리 풀어보는 것이다. 기존에 출제된 모의고사 문제는 굉장히 쉽게 찾을 수 있다. 여러 가지 방법이 있지만, 가장 체계적으로 정리가 된 곳은 EBSi 사이트이다. 아래 QR코드를 이용해서 기출문제 자료실로 가서 고1 3월 모의고사 영어 영역의 문제를 풀어보자. 90점 이상이면 1등급, 80점 이상이면 2등급이다.

만약 중3이라면 3등급 이상, 권장 2등급 이상 점수가 나와야 고등학교 입학 후 영어 때문에 고생하지 않는다. 물론 1등급을 받으면 최고다. 중3이 고1 모의고사 1등급이 나오면, 100미터 달리기에서 50미터는 앞서 출발하는

EBSi 기출문제 자료실
바로가기

것과 다름없다. 1등급을 받지 않더라도, 현재 자신의 실력을 객관적으로 알 수 있다는 점만으로도 공부에 큰 자극이 된다. 중2, 중3이라면 지금 바로 고1 모의고사에 도전해보기 바란다.

중학교에서 영어를 완성하자

현재 대한민국 교육 환경에서는 중학교 때 영어를 완성하면 원하는 대학에 합격하는 것이 절대적으로 유리하다. 이유는 학생부종합전형이라는 제도 때문이다. 학생부종합전형은 학생이 고등학교 3년간 특기와 적성을 살려서 다양한 활동을 하고, 이 실적을 바탕으로 대학에 가는 제도다. 현재 100명 중 70명의 학생이 학생부종합전형을 이용해 대학을 간다.

많은 학생과 학부모들이 착각하는 것이 학생부종합전형은 공부를 못해도 자신의 특기만 확실하면 대학을 갈 수 있다고 생각한다. 절대로 아니다. 학생부종합전형은 내신 성적이 첫 번째 판단 기준이다. 학교와 학과에 따라서 차이가 있지만, 중학생들과 학부모들을 위해서 대강의 기준을 알려드린다.

일반고 기준 학생부종합전형 내신 기준

- 서울대, 연세대, 고려대 → 1점대 초반의 내신
- 서강대, 성균관대, 한양대, 중앙대, 이화여대, 경희대 → 1점 중후반까지의 내신

- 국민대, 건국대 → 2점대 내신

- 경기도권 대학, 충청권 대학 → 3점대 내신

- 충청권 이하의 대학 → 4점대 내신

학교와 학과에 따라 기준은 많이 달라진다. 하지만 이 정도의 기준은 중고등학생과 학부모 들이 꼭 알아야 한다. 상담을 하다 보면, 학생의 내신이 4등급 수준인데 서울에 있는 대학, 그것도 유명 대학을 희망하는 경우가 있다. 입시에 대한 정보가 전혀 없어서 생기는 착각이다.

그런데 학생부종합전형은 내신만으로 대학을 가는 것이 아니다. 다양한 진로와 관련된 활동을 해야 한다. 동아리 활동도 해야 하고, 소논문도 써야 한다. 삼삼오오 모여서 다양한 프로젝트를 수행해야 하고, 대회에도 많이 참여할수록 좋다. 많은 시간을 투자해서 다양하고 깊이 있는 활동을 해야 이것이 실적이 되어서 원하는 대학에 합격할 수 있다.

그러면 왜 중학교 때 영어를 완성해야 하는가? 영어는 성적을 올리기 위해서 가장 많은 시간 투자가 필요한 과목이다. 사회와 과학은 개념 하나를 외우면 그 개념과 관련된 문제는 맞출 수 있다. 하지만 영어는 1시간 동안 단어 20개를 외운다고 해서, 영문법 강의 1강을 듣는다고 해서 성적이 오르지 않는다. 단어, 문법, 문장 해석 능력이라는 영어의 기본기가 형성되어야 영어 성적이 오르는데, 이 기본기를 형성하는 데 시간이 많이 걸린다.

이 기본기를 중학교에서 만들면 고등학교 입학 후 영어 공부에 투자할 시간이 줄어들기 때문에 시간의 여유가 생긴다. 친구들이 영단어와 영문법을 공부하는 시간에, 다양한 진로 관련 활동을 하면 대입에 절대적으로 유리하다.

중학교에서 영어의 기본기를 기르는 방법

중학교에서 많은 학생들이 실수하는 잘못된 영어 공부법을 소개한다.

중학생의 잘못된 영어 공부법

– 시험 기간이 되면 내신 대비를 시작한다.

– 교과서 본문을 외우고, 학원에서 나누어준 예상 문제 위주로 시험에 대비한다.

– 시험이 끝나면 영어를 공부하지 않거나 대충 한다.

– 시험 기간이 다가오면 다시 내신 대비를 시작한다.

이렇게 공부하면 중학교에서 영어 성적은 A등급을 받는다. 하지만 시험 기간에만 공부하는 것으로는 영어의 기본기가 길러지지 않는다. 자신의 진짜 실력은 앞에서 언급한 것처럼 고1 모의고사를 기준으로 측정하면서 꾸준히 영어 공부를 해야 한다. 영어의 기본기는 새로운 문장을 해석하고 이해하는 능력을 말한다. 이를 위해서는 단어, 문법,

문장 해석 능력이 필요하다. 중학교에서 영어 기본기를 기르자.

중학교에서 준비하는 영어 기본기는 다음과 같다.

단어

‐ 중학생을 위한 단어책을 외운다.

‐ 중3이 되면 수능을 대비해서 고등학생 수준의 영단어를 외운다.

문법

‐ 영문법 인강을 이용해서 문법 개념을 완성한다.

‐ 문법 문제를 풀면서 문법이 어떻게 문제에 활용되는지 익힌다.

독해

‐ 중학 수준의 독해 문제집을 꾸준히 푼다.

‐ 문제의 답을 찾기보다는 정확하게 문장을 해석하는 것에 집중한다.

‐ 중3이 되면 고1 모의고사 문제집을 이용해서 수능 영어에 적응한다.

중학교에서 영어 기본기를 완성하면, 고1 이후에 생각보다 훨씬 더 굉장한 이점이 있다. 중학교 3년 동안 영어 성적 A등급이 아닌, 고1 모의고사 영어 영역 2등급 이상(80점 이상)을 목표로 공부하기 바란다. 중학교에서 남들보다 조금 더 큰 목표를 가지고 영어 공부를 하는 것은 고등학교 입학 후 상상도 못한 엄청난 이득을 가지고 올 것이다.

고등학교 영어 공부는 이렇게 하자

> 상위권 대학의 경우 2과목 합쳐 4등급, 3과목 합쳐 5등급 정도의 수준을 요구한다. 영어는 절대평가라서 쉬우니까 무조건 1등급을 받아야 한다고 요구한다.

가장 많은 학생들이 좌절하는 시기는 고1

나는 너무 일찍 영어를 포기해버린 영포자들의 이야기에 관심이 매우 많다. 그들의 이야기를 직접 들어야 그들의 문제를 해결해줄 수 있기 때문이다.

영어를 어려워하는 고2, 고3에게 영어 공부를 하면서 언제 가장 큰 좌절을 경험했는지 물었다. 그들은 압도적인 비율로 고1 때 가장 큰 좌절을 경험했다고 답했다. 중학교 때 영어 과목에서 A등급, 못해도 B등급을 받으면서 자신이 영어를 꽤 한다고 생각했던 학생들이 고등학교 입학 후 내신 9등급 중에서 5등급도 못 받으면서 큰 좌절을 경험하는 것이다.

고3 선배들의 이야기는 다음과 같다.

– 고1 때, 중학교 때 문법을 완벽하게 끝내고 올라온 게 아니어서 1학년 모의고
 사를 쳤을 때 매우 당황했고 포기할까 생각도 했었다.
– 고1 때, 빈칸이라는 유형이 처음이었고, 빈칸 유형은 지금까지도 어렵게 여기
 는 문제다.
– 중학교 때는 본문만 외우면 줄곧 성적이 잘 나왔는데 고등학교에 진학하니 그
 때와 너무 다른 교재와 수업방식에 적응하는 것도 힘들었고, 중학교 때와 다
 른 새로운 공부 방법을 모색해야 하는 것이 힘들었다.
– 고1 때, 모의고사를 친다고 해서 기대 반, 설렘 반으로 미리 3년치 문제도 풀
 고 연습도 하고 시험을 치러 갔는데 영어가 37점, 즉 7등급이 나왔을 때 너무
 힘들었다.
– 영어 공부를 제대로 해본 적이 없어서 고1 때 여러 가지 문법을 한꺼번에 배
 운 게 어려웠다.
– 고1~고2 초반, 문장 해석이 안 되고 독해가 안 돼 영어가 눈에 안 들어오고
 읽기가 싫어져서 점점 영어에 흥미를 잃어갔다.

왜 이런 일이 발생하는 것일까? 중학교 영어와 고등학교 영어는 겉
보기에 비슷해 보이지만, 굉장히 다르다. 이 차이점을 미리 알고 준비
를 해야 하는데, 그러지 못한 학생들은 성적이 크게 떨어지면서 좌절
을 경험하게 된다.

중학교 영어 vs. 고등학교 영어

중학교까지는 혼자서 또는 학원의 힘을 빌려서 시험 때마다 2단원 또는 3단원 정도의 영어 본문을 달달달 외우듯이 공부를 하면 거의 원하는 성적을 받을 수 있었다. 시험 범위가 적고, 문법 포인트도 한 번의 시험에 5~6포인트로 제한되기 때문에 문법을 잘 못해도 시험 때 시험 범위만 집중적으로 외우면 원하는 점수를 획득할 수 있었다. 하지만 고등학교 입학 후 접하는 영어는 중학교와는 굉장히 큰 차이가 있다.

중학교 영어와 고등학교 영어의 차이

중학교 영어	고등학교 영어
영어 교과서의 문장이 짧고, 본문이 짧은 편이다.	영어 교과서의 문장이 길고, 본문이 긴 편이다.
시험 범위가 넓지 않아 외워서 A등급을 받을 수 있다.	시험 범위가 넓어서 외워서는 1등급을 받을 수 없다.
시험 범위가 교과서 위주고, 많지 않다.	교과서 외에도 부교재, 모의고사에서 시험이 출제되어 시험 범위가 많다.
교과서 중심이다.	교과서 + 수능(모의고사) 중심이다.
성적은 절대평가로 측정된다.	성적은 절대평가로 부여받지만, 이후 대입을 위해서 9등급제로 다시 계산된다. 실제로는 9등급제다.

중학교 영어와 다른 고등학교 영어의 가장 큰 특징은 시험 범위가

훨씬 많다는 점이다. 교과서의 본문 길이가 훨씬 길고, 교과서 외에도 문제집이나 자료들을 수업 부교재로 사용하는 경우가 많아서 이것도 시험 범위이다. 그리고 거의 매달 실시되는 모의고사도 시험 범위인 때가 많다. 본문 2~3단원만 공부하면 되던 중학교 때와는 비교가 되지 않는 공부량이다. 외워서 시험을 잘 볼 수가 없는 것이다.

매달 실시하는 모의고사는 시험 범위가 없는 시험이다. 순수하게 영어 실력으로 새로운 지문을 해석하고 문제를 풀어야 한다. 영어의 기본기가 없는 학생들은 고1 3월 모의고사를 보고 나서 크게 좌절한다. 중학교 때 시험 기간에만 공부를 해서 90점 이상, A등급을 받던 학생들이 고등학교에서 4등급, 5등급 이하로 성적이 대폭 떨어지는 경험을 하게 되는 경우가 많다.

수능은 고등학교 영어의 중심이다

대한민국에서 수능을 모르는 사람은 없을 것이다. 대학에서 배우는 내용을 받아들일 수 있는 능력을 뜻하는 수학능력시험의 약자인 수능은 대한민국 교육의 정점에 위치하고 있다. 과거에는 수능 시험의 결과만으로 성적순으로 대학을 갔다. 현재는 학생부종합전형이라는 제도가 입시의 주류를 이루고 있다. 현재 고등학교에서 학생과 학부모가 알아야 하는 수능의 의미는 크게 2가지로 수능최저와 정시다. 서울의 상위권 대학을 가기 위해서는 수능 최저 성적을 맞춰야 한다.

예를 들어 수능 시험에서 2과목 합쳐서 4등급, 3과목 합쳐서 5등급과 같은 수능 성적을 받아야 한다. 정시는 과거처럼 수능 시험 성적으로 대학을 가는 방법이다. 전체 입시의 30%를 차지하고 있고, 매년 이를 확대하자는 움직임이 활발하다.

수능 영어 시험은 공식적으로 발표되는 범위는 있지만, 학생들의 입장에서는 새로운 지문들을 해석하고 문제를 풀어야 한다. 사실상 범위가 없는 시험이기 때문에 중학교 때까지 교과서만 공부한 학생들은 수능을 처음 접하고 당황할 수 있다. 게다가 수능에 출제되는 문장은 중학교 영어 교과서에 등장하는 문장과는 난이도에서도 큰 차이가 있다.

중학생이라면, 지금 바로 자신의 영어 실력을 테스트해보자. 다음은 고1 모의고사 기출인 하나의 문장이다. 과연 고1이 되면 여러분은 이 문장을 해석할 수 있을까?

Q. 다음 문장을 해석해보세요.

It's true that before puberty, kids don't gain the same muscle from lifting weights that a teen or adult would, but Dr. Avery Faigenbaum, a noted youth exercise specialist, points to studies in which children as young as six have benefited from strength training and says that, on average, kids show a 30 to 40 percent strength gain when they start lifting for the first time. (2014 고1 9월 22번)

사춘기가 되기 전, 아이들이 역기 운동을 통해 십대나 성인이 얻을 것과 같은 근육을 얻지 못하는 것이 사실이지만, 저명한 청소년 운동 전문가인 Dr. Avery Faigenbaum은 여섯 살 정도의 어린 아이들이 근력 운동을 통해 이익을 얻었다는 연구들을 지목하고, 평균적으로 아이들이 역기 운동을 처음 시작했을 때, 30~40퍼센트의 근력 향상을 보인다고 말한다.

사실 중3 영어 교과서 어디에도 이런 길이와 수준의 문장은 등장하지 않는다. 이것이 바로 수능의 수준이다. 시험 기간에 제한된 범위를 달달달 외우는 식으로 공부해서 시험 점수를 유지했던 학생들은 수능 중심의 고등학교 영어 시험에서 절대로 자신이 원하는 점수를 받을 수 없다.

절대평가의 함정에 주의하라

중학교에서는 전 과목 절대평가로 점수를 부여한다. 일부 경쟁이 심한 지역을 제외하고는 학생들이 무난하게 A, B 수준을 받을 수 있도록 적절한 난이도로 시험이 출제된다. 그래서 학생들은 '절대평가=쉬운 시험'이라는 인식을 갖고 있다. 이것이 원래 절대평가의 취지와도 맞는 생각이다.

절대평가는 일정한 기준을 미리 정해놓고, 그 기준만 넘으면 누구나 일정 등급을 받을 수 있도록 하는 제도다. 지나친 경쟁과 이로 인한 사교육비 지출을 줄이고자 하는 것이 절대평가의 취지라 할 수 있다. 하지만 고등학교에서의 절대평가는 전혀 다른 의미를 가진다. 이른바 '절대평가의 함정'을 제대로 파악해야 손해 보거나 낭패 보는 일이 없다.

고등학교 입학 후에도 절대평가로 성적이 평가된다. 내신 점수도 절대평가를 이용해서 등급으로 부여받고, 수능 모의고사도 절대평가다. 하지만 실제로 대입을 위한 내신 성적을 계산할 때는 상대평가인 9등급제로 다시 계산된다. 9등급제로 운영되는 상대평가에서는 100명 중에 4명만이 1등급을 받을 수 있다.

상대평가와 절대평가

	상대평가	절대평가
1등급	4% (백분위 100~96)	90점 이상
2등급	11% (백분위 95~89)	80점 이상
3등급	23% (백분위 88~77)	70점 이상
4등급	40% (백분위 76~60)	60점 이상
5등급	60% (백분위 59~40)	50점 이상
6등급	77% (백분위 39~23)	40점 이상
7등급	89% (백분위 22~11)	30점 이상
8등급	96% (백분위 10~4)	20점 이상
9등급	100% (백분위 3~0)	10점 이상

고등학교에서는 영어 과목에서 A등급을 받았다 하더라도, 상대평가로 계산하면 1등급을 받지 못할 수 있다. 이렇게 생각해보자. 절대평가는 90점 이상이면 A등급이다. 100명이 전교생인 학교에서 영어 시험에서 90점 이상인 학생이 30명이라고 생각해보자.

이들은 모두 A등급을 받았다. 그런데 이들을 상대평가로 다시 계산하면, 모두 4등급이다. 왜일까? 상대평가의 계산법으로는 4등까지가 1등급, 11등까지가 2등급, 23등까지가 3등급이다. 30명의 만점자는 공동으로 1등급을 받을 것 같지만, 상대평가의 계산법은 이들에게 4등급을 부여한다. 이렇게 되면 이 학교에서는 1~3등급이 존재하지 않는 것이다.

그렇다면 출제자인 영어 선생님은 무엇을 가장 신경 쓸까? 그것은 바로 1등급 확보다. 100명이 전교생인 학교라면, 1등급은 4명, 200명인 학교이면 1등급은 8명이다. 이보다 더 많은 학생들이 최고점을 받으면 이 학교는 1등급이 없어진다. 이 문제를 해결하는 방법이 있다. 시험을 어렵게 출제하는 것이다. 쉬운 문제들도 출제하지만 5~7문제 정도는 최고 수준의 학생들을 변별하기 위해 어렵게 출제한다. 그러면 자연스럽게 최고 수준이 변별이 되면서 1등급부터 9등급까지 딱 나누어진다. 영어 시험이 쉽게 출제되면 기분은 좋겠지만, 어느 누구도 100점을 받았는데 4등급을 받는 일은 원하지 않을 것이다.

수능 절대평가는 어떨까? 현재 수능 영어는 절대평가로 측정된다. 수능 영어가 절대평가로 전환된 이후 실시된 영어 시험들의 1등급 비율은 4~10%이다. 1등급이 10%였을 때 시험이 쉬웠다는 비판을 많이 받았기에 지금은 10%를 결코 넘지 않는 5~7%선에서 1등급 비율이 결정되고 있다. 기존 상대평가에서의 1등급 비율인 4%와 크게 차이가 나지 않는다.

거의 차이가 없는 상대평가와 절대평가 수준
- 상대평가 1등급: 4%
- 절대평가 1등급: 5~7%

절대평가임에도 수능 영어는 여전히 어려운데 대학에서는 절대평가는 등급 획득이 상대평가에 비해서 쉬울 것이라 생각해서 대입 제도를 절대평가 시행 이후에 꾸준히 바꾸고 있다.

영어 절대평가 이후 대입의 변화

영어 절대평가 이후 대입의 변화에 주목해야 한다. 그 핵심은 다음과 같다.

- 수능 최저 등급에서 영어를 따로 분류하는 대학 등장
- 경쟁이 치열한 대학에서는 영어 1등급을 합격 기준으로 요구함

수능 최저등급으로 상위권 대학의 경우 2과목 합쳐서 4등급, 3과목

합쳐서 5등급 정도의 수준을 요구한다. 이때 영어 과목은 따로 떼어 놓는 것이다. 영어는 절대평가라서 쉬우니까 무조건 1등급을 받아야 한다고 요구한다. 1등급을 못 받고 2등급을 받으면 불합격이다.

만약 영어가 지금처럼 어렵게 출제된다면, 대학이 요구하는 1등급 또는 2등급을 받지 못해서 대학에 불합격하는 학생들이 다수 생길 것이다. 이뿐만이 아니다. 정시에서 영어 과목을 반영하는 방식은 대학별로 다른데 크게 2가지 방식으로 나눌 수 있다.

정시에서의 영어 성적 반영 방법

- 수능총점(1,000점)에서 영어 등급에 따라서 가감점을 하는 방식
- 대학에서 정한 영어 반영 비율만큼 영어 등급에 따른 점수를 총점에 더하는 방식

현재 대학별로 영어 성적을 대입에 반영하는 방식은 제각각이다. 서울대는 감점, 고려대는 가점, 연세대는 비율로 반영, 이런 식이다. 하지만 지난 입시 결과를 통해 밝혀지고 있는 사실은 영어가 대입에서 가진 중요성은 여전하다는 것이다. 특히 가감점이 아닌 반영 비율만큼의 영어 점수를 총점에 더하는 방식에서는 영어가 가진 힘이 더욱 크다.

실제로 서울의 상위권 대학 중에서 두 번째 방식을 택하고 있는 대학들의 경우, 영어는 2등급을 받으면 합격 확률이 굉장히 낮아진다. 이는 결과로 증명된 부분이다. 영어는 1등급을 받아야만 하는 것이다.

상대평가일 때는 시험의 난이도와 상관없이 100명 중 제일 잘하는 4명은 1등급을 받았지만, 절대평가 체제에서는 시험이 아무리 어려워도 1등급을 받으려면 3문제 이내로 틀려야 한다. 이것이 바로 절대평가의 함정이다. 쉬운 시험이라는 인식과는 반대로 오히려 어렵기 때문에 입시에서 큰 불이익을 받을 수 있는 것이 절대평가라는 제도다.

이런 함정을 피해가기 위해서는 상대평가든 절대평가든 상관없이 1등급을 받을 수 있는 흔들리지 않는 영어 실력이 필요하다. 제도가 어떻게 바뀌어도 실력이 있으면 정면 돌파가 가능하다. 미리 알고 제대로 준비하면 수능 영어 1등급에 누구나 도전할 수 있다. 수능 1등급을 위해서 영역별로 어떤 것들을 공부해야 하는지 지금부터 살펴보자.

상대평가든 절대평가든 상관없이

1등급을 받을 수 있는 흔들리지 않는 영어 실력이 필요하다.

제도가 어떻게 바뀌어도 실력이 있으면 정면 돌파가 가능하다.

이번 장은 본격적인 영어 공부를 위한 장이다. 여러분이 영어 공부에 대해서 궁금해하는 모든 것을 영역별로 정리해서 알려준다. 단어암기법, 문법 공부법, 문장 해석 방법, 듣기, 말하기 공부법까지 여러분이 영어에 관해서 알고 싶은 모든 내용이 담겨 있다. 지난 10년간 영어 교사와 강사로 활동하면서 학생들에게 받은 수많은 질문들을 바탕으로 작성된 내용이기 때문에 여러분에게 도움이 되는 내용으로 가득할 것이다. 명심할 점은, 이 내용들을 읽고 실천을 해야 한다는 것이다. 많은 영어 학습자들이 공부법을 공부한다. 정작 공부는 제대로 하지 않고, 더 편하고 효과적인 공부법을 찾아다니는 학습자들이 다수라는 뜻이다. 여러분은 이런 실수를 하지 말기 바란다. 이번 장의 내용을 꼼꼼하게 읽으면서 동시에 실천 계획을 세워 본격적인 영어 마스터를 시작하기 바란다.

영역에 따른
영어 공부법은
바로 이것이다

4

1등급의 영어 단어 공부법은 이것이다

> 학생들을 대상으로 설문 조사를 해보면 가장 많은 학생들이 영단어 암기 때문에 고민을 하고 있다. 모든 영어 공부의 시작이 되는 영단어 암기의 모든 것을 알아보자.

노베이스면 무조건 단어 암기부터 하라

학생들이 쓰는 표현 중에 '노베이스'라는 표현이 있다. 기초가 전혀 없는 상태이기 때문에 무엇을 해야 할지 막막한 상태를 뜻한다. 영어 노베이스는 무조건 단어 암기부터 시작하면 된다.

단어를 모르면 어떤 영어 공부를 해도 진도가 나가지 않는다. 문법 공부를 해도 예문의 단어를 몰라서 진도가 안 나가고, 듣기를 하려고 해도 모르는 단어가 많아서 전혀 들리지가 않는다. 단어를 모르는 상태에서는 어느 학원을 가도, 어느 인강을 들어도 도움이 되지 않는다. 단어 단위에서 막히기 때문이다.

자신이 노베이스 또는 영어 실력이 평균 이하라면 무조건 단어 공부부터 시작하면 된다. 많은 학생들이 단어를 외우지 않으면서 더 빠르게 영어 실력을 높일 수 있는 지름길을 기웃거린다. 그러나 단어 암기 없이는 절대로 영어를 잘할 수 없다.

학생들의 영어 고민 중 영어 단어가 죽어도 안 외워진다는 고민이 상당히 많다. 나름 단어를 외우려고 노력을 하는데, 하루만 지나면 하나도 생각이 안 난다는 학생들이 다수다. 이론적으로 이는 당연하다. 우리는 오늘 단어 100개를 외우고 하루가 지나면 30개 정도 단어밖에 기억하지 못하기 때문이다.

이런 결과는 분명 좌절스럽다. 고생해서 단어를 외워도 남는 것이 없기 때문이다. 그럼에도 단어 암기를 위해서는 복습 또 복습을 해야 한다.

영어 단어는 한 단어를 7번은 봐야 외워진다고 한다. 단어 암기는 학생들이 생각하는 것 이상으로 어려운 과정이다. 단어를 암기하고자 한다면, 매일 30개 이상의 단어를 최소 6개월은 외워야 까먹는 양을 감안했을 때 대략 2,500개 정도의 단어를 기억할 수 있다.

수능에서 쉬운 기초 단어를 제외하면 매년 1천 개 정도의 단어가 출제된다는 것을 생각하면, 2,500개 정도의 단어를 알고 난 후여야 독해를 한번 해볼 만하다. 단어가 안 외워진다고 고민을 하려면, 30개의 단어를 6개월은 외워본 후에 고민을 하자. 그 전까지는 모두 노력이 부족한 것이다.

좋은 영단어책을 선택하는 법

단어를 외우기로 결심했다면, 단어책 1권을 선정해서 외우자. 영어 초보라면, 단어책 1권을 빠르게 외우면서 기초가 되는 영단어를 내 것으로 만드는 것이 중요하다.

이때 자기 수준에 맞는 단어책을 외워야 한다. 단어책을 폈을 때, 아는 것이 반, 모르는 것이 반 정도 있는 단어책이 좋다. 모르는 단어가 너무 많으면 외울 분량이 많아서 공부에 탄력이 붙지 않는다. 기존에 아는 단어라고 해도 예문 속에서 한 번 더 익히면서 영어 실력을 향상시킬 수 있기 때문에 '아는 단어 반, 모르는 단어 반'의 기준으로 단어책을 선택하자.

또한 반드시 영어 예문이 있는 단어책을 선택해야 한다. 단어의 한글 뜻만 제시된 단어장은 절대로 이용해서는 안 된다. 기억이라는 것은 반드시 자극이 필요하다. 영단어의 한글 뜻만 외우면 아무런 자극이 없다. 예를 들어보자.

pierce (동) 꿰뚫다, 관통하다

단어를 이렇게 '영단어, 한글 뜻'으로 암기하면 암기에 드는 수고는 줄어든다. 하지만 pierce라는 단어가 어떻게 활용되는지를 전혀 알 수 없다. 결정적으로 뇌에 전혀 자극이 없기 때문에 암기가 되지 않는 것이다. 이번에는 최소한의 예문과 함께 외워보자.

pierce (동) 꿰뚫다, 관통하다

pierce their membranes 그들의 세포막을 꿰뚫다.

이렇게 암기를 하면, pierce라는 동사 다음에는 '무엇을' 꿰뚫는지가 따라와야 한다는 것을 알 수 있다. 이런 식의 감을 잡게 되면, 다음에 독해를 할 때 쉬워진다.

pierced her skin 그녀의 피부를 뚫다

pierced his lung 그의 폐를 뚫다

독해를 할 때 위의 표현을 만나도 쉽게 이해하고 해석할 수 있다. 끝으로 수능 영어를 준비한다면 기출 단어로 이루어진 단어장이 최고다.

영어 단어는 하루에 몇 개를 외워야 하나?

영단어를 외우기로 결심했을 때, 하루에 몇 개를 외워야 하는지가 고민될 것이다. 위에서 매일 30개 단어를 6개월 정도 외울 것을 추천했는데, 이를 좀 더 구체적으로 살펴보자.

교육부에서는 초등, 중고등에서 학습해야 할 기본 어휘를 제시한다. 이에 따르면 초등 어휘수는 800개이고, 중고등 어휘수는 1,800개,

고등학생이라면 2,600개의 기본 어휘를 알고 있어야 한다. 당연히 영어 공부를 하다 보면, 여기서 벗어나는 단어들을 만나게 된다. 그러므로 2,600개의 단어는 기본 중의 기본 단어라고 생각하면 된다. 뒤늦게 영어 공부를 시작한 학생이라고 하더라도, 2,600개의 단어 암기를 목표로 하면 된다.

이를 위해서 30개의 영단어를 6개월간 암기하는 것을 추천하는 것이다. 사실 매일 30개 단어를 암기하는 것이 쉬운 일은 아니다. 게다가 암기 후 기억에 남는 것이 거의 없다면, 그보다 슬픈 일이 없을 것이다. 효과적으로 단어 암기에 성공하기 위해서는 암기에 대한 진실을 알아야 한다.

단어는 결국 암기라고 할 수 있다. 효과적인 암기를 위해서 가장 널리 알려진 방법은 에빙하우스의 망각곡선을 이용하는 방법이다. 에빙하우스는 독일의 심리학자로 그는 자주 시험에 실패를 했다고 한다. 그는 대단한 노력파였지만 특히 중요한 시험에서는 평소보다 성적이 덜 나오곤 했다고 한다. 그러다 보니 시험에 대해 콤플렉스가 심했다고 한다.

그런 그가 심리학자가 되고 나서 무수한 암기시험을 치러가며 연구한 끝에 마침내 얻어낸 결과에 따르면, 보통 사람은 아무리 내용을 달달 외워도 1시간이 지나면 전체 내용 중 44%, 하루가 지나면 33%만을 기억하게 된다고 한다. 이를 그래프로 나타낸 것이 *에빙하우스의 망각곡선*이다.

에빙하우스의 망각곡선에 따르면, 오늘 단어 100개를 외우고, 한

달이 지나면 21개만 기억한다. 하지만 문제는 그 단어마저도 조금 더 시간이 지나면 잊어버리기 때문에 결국 한 번 공부해서는 단어책 한 권을 다 공부해도 머릿속에는 단어 하나도 남지 않게 된다. 우리의 단어 공부가 지금까지 이런 식으로 진행되었다. 시험 때 바짝 수십 개의 단어를 일회성으로 암기를 하지만 시간이 지나면 머릿속에 남는 단어가 없다. 그래서 영어 실력에 발전이 없는 것이다.

어떻게 해야 외운 단어를 머리에 각인할 수 있을까? 에빙하우스는 인간의 망각곡선을 이용한 '4회 반복'을 강조한다. 잊어버리려고 할 때 복습을 해서, 총 4회의 복습을 하면 영단어를 확실하게 기억할 수 있다는 것이다.

에빙하우스가 주장하는 복습 주기는 10분, 1시간, 1일, 1달 뒤이다. 그 뒤로는 머릿속에 단어가 강력하게 기억되기 때문에 가끔만 복습을 해주어도 된다고 주장한다. 이를 이용해서 하루에 30개씩 영단어를 외우고자 한다면, 다음과 같은 복습 계획을 짜야 한다. 최초에 외운 30개의 단어를 4번 더 복습하는 것이 보일 것이다.

	최초학습	10분 복습	1시간 복습	1일 뒤 복습	1달 뒤 복습
○월○일	☐ 1–30	☐ 1–30	☐ 1–30		
○월○일	☐ 31–60	☐ 31–60	☐ 31–60	☐ 1–30	
○월○일	☐ 61–90	☐ 61–90	☐ 61–90	☐ 31–60	
○월○일	...	...	...	...	☐ 1–30
○월○일	...	...	...	...	☐ 31–60

이 체크 박스에 모두 체크가 되어야 망각을 극복하고 단어를 제대로 암기한 것이다. 실제로 이 계획대로 단어 암기를 해보면, 굉장히 많은 노력이 필요하다. 이때 조언을 하자면, 한 번 외울 때 외운다는 느낌이 아니라 읽는다는 느낌으로 접근하는 것이 좋다. 우리는 흔히 단어를 공책에 5번, 10번씩 쓰면서 외우는데, 이는 열정은 돋보이지만 효과적인 방법은 아니다.

어차피 시간이 지나면 단어는 까먹게 되어 있다. 얼마나 열심히 외우는지가 아니라 얼마나 자주 외우느냐가 중요하다. 반복이 단어 암기의 핵심이다. 외울 내용을 가볍게 자주 보자.

하지만 명심하자. 반복을 위해서는 치열한 노력과 엄청난 인내심이 필요하다. 방법만 알고 실천을 하지 않으면 아무런 소용이 없는 것이 단어 암기다. 매일 각오를 다지면서 단어 암기에 도전하기 바란다.

굉장히 유용한 라이트너 박스 암기법

에빙하우스 이후에 세바스티안 라이트너라는 사람은 그의 저서 『So lernt man lernen How to learn to learn』을 통해서 라이트너 시스템을 소개한다. 실제로 영어 단어 암기에 성공한 학생들이 굉장히 유용하게 사용한 방법으로 이미 유명한 공부법이지만, 처음 접한 학생들을 위해서 상세하게 소개한다.

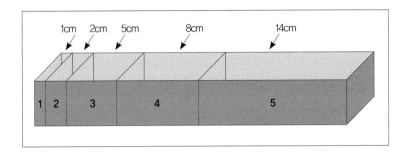

이것이 라이트너 박스다. 5개의 칸으로 구성되어 있고, 갈수록 두께가 두꺼워진다. 이를 이용하는 방법은 다음과 같다. 단어 300개를 외워야 한다면, 상자에 들어갈 수 있는 크기의 카드에 앞면에는 영단어 뒷면에는 한글 뜻을 적는다.

라이트너 박스 암기법

– 1단계: 1번 칸에 외워야 할 단어들을 카드로 만들어서 가득 채운다. 다 넣을 수는 없기에 일부 단어들로 박스를 채운다.

– 2단계: 1번 칸에서 단어를 꺼내서 바로 뜻을 떠올릴 수 있으면 2번 칸으로 카드를 이동시킨다. 뜻이 생각나지 않으면 1번 칸에 놔둔다. 1번 칸이 비면 새로 외워야 할 카드를 가져와서 1번 칸을 채운다.

– 3단계: 2번 칸이 단어들로 꽉 채워지면 2번 칸에서 (앞서의 1번 칸에서처럼) 테스트를 해서 외운 단어는 3번 칸으로 넘기고, 못 외운 단어는 1번으로 다시 넣는다.

– 4단계: 진행을 하면서 여기저기에 단어가 놓이게 되는데, 단어가 많이 몰려 있는 칸을 선택해서 암기를 하면 된다. 이때 중요한 점은 단어가 어느 칸에 있

더라도 단어의 뜻이 생각나지 않으면 무조건 1번 칸에 넣는다. 모르는 단어는 1번부터 다시 한 번 암기 과정을 거치게 된다.

처음에 외울 단어를 단어 카드로 만들어야 하는 약간의 귀찮음만 제외하면 굉장히 재미있게 실천할 수 있는 암기법이다. 칸의 두께가 의미 있지만, 실제로 이 방법을 통해서 암기를 실시해본 결과, 굳이 두께까지 딱 맞추지 않아도 괜찮다.

만약 박스 만드는 과정이 귀찮다면 천원샵 같은 곳에 가면 1천~3천 원에 위와 같은 모양으로 생긴 플라스틱 박스들을 판다. 주로 양말이나 속옷을 보관하는 수납함의 용도인데, 이 박스를 구매해서 바로 사용해도 좋다. 카드를 만드는 것이 귀찮다면 크기에 맞는 포스트잇을 구매해서 사용해도 된다.

에빙하우스의 망각곡선을 이용한 암기법보다는 라이트너 박스 암기법이 재미가 있어서 암기에 부담이 적다. 라이트너 박스 암기법을 이용한 스마트폰 단어 암기 앱들도 다수 출시가 되어 있는데, 스마트폰을 곁에 두면 공부에 방해가 되기 때문에 추천하지 않는다.

중간고사 시험 범위에 나오는 단어들, 기말고사 시험 범위에 나오는 단어들을 단어 카드로 만들어서 바로 한 번 라이트너 박스 암기법을 사용해보기 바란다. 신선하고 재미있으면서 외워야 할 단어들이 5번 칸에 가득하게 되었을 때 머릿속에는 단어가 단단하게 암기가 되었을 것이다.

덩어리째 외워라

두 학생이 있다. A라는 학생은 단어를 외울 때 한국말 뜻만 외운다.

influence 영향, 영향을 주다

이렇게만 외우는 것이다. 이렇게 외우면 편하다. 조금만 외우면 되기 때문에 금방 암기를 마무리할 수 있다. B라는 학생은 단어를 외울 때 함께 쓰이는 단어들과 함께 덩어리로 외운다.

influence the lives of millions 수백만 명의 사람들의 삶에 영향을 주다

이 두 학생이 실제 시험에서 influence라는 단어가 활용된 문장을 만나게 된다.

Whether or not he is aware of it, a candlelit dinner is a fantastic way to influence a person's mood.
그가 그것을 알든 모르든, 촛불이 켜진 저녁식사는 한 사람의 기분에 영향을 끼칠 수 있는 환상적인 방법이다.

어떤 학생이 더 문장을 빠르고 정확하게 해석할 수 있을까? 당연히

B이다. 물론 A도 어느 정도 해석은 할 것이다. 하지만 반복해서 강조하지만 고등학교 수준의 문장은 굉장히 길다. 단어 하나하나의 의미를 알아서는 그 의미를 조합하는 데에도 꽤 많은 노력과 시간이 필요하다. 덩어리로 외운 학생은 이 과정을 굉장히 **빠르게** 수행할 수 있다.

influence the lives of millions 수백만 명의 사람들의 삶에 영향을 주다

influence a person's mood 사람의 기분에 영향을 주다

두 덩어리의 형태가 똑같다. influence라는 동사 다음에 명사 덩어리가 나온다. 기존에 덩어리를 외울 때 익힌 느낌을 실제 문장을 해석할 때 그대로 살려주기만 하면 된다. 덩어리로 암기하는 것은 'collocation(연어)'이라는 이미 존재하는 개념이다. collocation을 이용한 암기법은 다음과 같은 장점이 있다.

collocation 암기의 장점

- 맥락이 파악되어서 암기가 더 잘된다.
- 문장보다 덩어리가 적어서 외울 때 부담이 적다.
- 실제 문장을 봤을 때 더 빠르게 해석이 된다.
- 서술형 평가와 수행평가에서 단어를 제대로 활용할 수 있다.
- 영어 말하기와 쓰기에 도움이 된다.

구글에서 'collocation'으로 검색을 하면 단어와 함께 쓰이는 덩어리들을 제공하는 무료 온라인 사이트들을 쉽게 발견할 수 있다. 기본적으로 단어책을 선정할 때 collocation이 수록되어 있는 단어책을 구매하면 좋다.

위의 장점에서 언급했지만, 단어에 대한 문장 예문이 있는 단어책이 대부분인데, 문장은 공부하기에 살짝 부담스러운 면이 있다. 문장을 통째로 암기하기도 쉽지 않다. collocation은 그런 부담을 줄여준다는 면에서도 의지가 약한 초보들에게 효과적이다. 다음과 같이 단어를 외울 수 있다.

gather [gǽðər 개더]	(동) 모으다, (자료·정보)를 모으다, 얻다	(2011) gather up her courage 그녀의 용기를 모으다
skip [skɪp, 스킵]	(동) (일을) 거르다, 건너뛰다	(2015) make him skip the day 그가 그날을 거르게 하다
loneliness [lóunlines, 론리니스]	(명) 외로움	(2003) feelings of longing and loneliness 그리움과 외로움
knowledgeable [nɑ́lidʒəbəl, 날리저블]	(형) 지식이 있는	(1999) knowledgeable people 지식이 있는 사람들
fundamental [fʌ́ndəmentl, 펀더멘틀]	(형) 근본적인	(2015) fundamental nature of causality 근본적인 인과관계의 특징

출처: 『60일 만에 마스터하는 수능 필수 영단어 1200』 원앤원에듀

단어 하나에 여러 의미가 있으면 다 외워야 하나?

영어 초보인 학생들이 자주 하는 질문이다. 단어를 외우려고 할 때 하나의 영단어에 한글 의미가 4~5개 이상인 경우가 많다. 영어 초보인 학생들은 한글 뜻 1개를 외우기도 벅찬데 다수의 의미가 있으니 암기가 부담스럽다. 일단 영어 초보일 때는 대표적인 의미 1~2개만 외울 것을 추천한다.

중학교에서부터 등장하는 appreciate라는 단어를 예로 들어보자. 초중등학교에서는 이 단어를 아래와 같이 사용한다.

I appreciate your help. 당신의 도움에 대해서 감사한다.

이 문장에서 appreciate는 '고마워하다'라는 의미로 쓰였다. 이 단어를 처음 외울 때는 '감사하다'라고 외우면 된다. 이후 고등학교에 진학해서 독해를 하다 보면 appreciate의 추가적인 의미들을 알게 된다.

appreciate

(동)

진가를 알아보다, 인정하다

고마워하다

제대로 인식하다

이런 추가적인 의미들이 있다. 초보일 때 이런 추가적인 의미들을 한국말로 익혀도 소용이 없다. 그런 의미로 활용되는 문장을 만날 일이 없기 때문이다. 영어 초보라면 단어의 대표적인 의미 1~2개를 외우고 이후에 영어 공부를 계속하면서 추가적인 의미들을 하나하나 문장 속에서 익히면 된다.

독해 문제집을 같이 풀어라

영단어에 대해서 학생들이 가장 많이 고민하는 것이 외운 단어를 이용해서 문장 해석이 안 된다는 것이다. 일단 단어만 안다고 해서 문장이 해석되는 것은 아니다. 문법도 알아야 한다. 다만 단어와 문법을 알아도 문장 해석이 안 되는 경우가 많다.

체육 시간에 배드민턴 스매싱을 배웠다고 생각해보자. 3시간에 걸쳐서 스매싱하는 법을 배웠다. 과연 나는 실제 경기에서 스매싱을 자유자재로 할 수 있을까?

당연히 아니다. 체육 시간에 연습할 때는 일정하게 날아오는 셔틀콕을 준비하고 있다가 정확한 자세로 스매싱할 수 있었다. 하지만 실제 경기를 할 때는 셔틀콕이 날아오는 방향도 세기도 제각각이고, 내가 준비하고 있는 자세도 그때마다 다르다. 그래서 배운 스매싱을 제대로 활용할 수가 없다. 이때 필요한 것이 '경험'이다. 많은 경기를 하면서 다양한 상황에서 스매싱을 날려보는 경험을 쌓으면 기본기로 배운 스매싱 기술을 제대로 활용할 수 있을 것이다.

문장 해석도 이와 마찬가지다. 단어와 문법을 배운 것은 기본기를 익힌 것이다. 하지만 이 기본기만 가지고서 문장 해석이 바로 되는 것은 아니다.

세상에는 무수히 많은 종류의 문장들이 있다. 단어의 의미는 문장마다 미묘하게 다르고, 문법도 다양하게 활용이 된다. 이때 필요한 것역시 '경험'이다.

많은 문장들 속에서 단어가 활용되는 것을 경험하고, 문법이 응용되는 것을 경험해야 비로소 제대로 문장을 해석할 수 있다. 그래서 단어를 외울 때에는 독해를 함께 해야 한다.

단어가 문장 속에서 쓰이는 것을 경험해야 단어 암기도 보다 효율적으로 할 수 있고, 문장을 해석하는 힘도 충분히 기를 수 있다. 중학생은 교과서만으로는 이런 경험을 쌓기에 충분하지 않기 때문에 다음책들을 추천한다.

중학 수준에 추천하는 독해문제집

빠른독해 바른독해 빠바 기초세우기(개정판)
이상엽, NE능률

기초 문법을 익히면서 이를 문장 단위, 독해에 적용해볼 수 있는 책. 문법을 알기 쉽게 설명하고, 독해 연습까지 할 수 있는 책. 문법을 처음 접하는 학생에게 추천.

빠른독해 바른독해 빠바 구문독해(개정판)
이상엽, NE능률

기초 문법을 바탕으로 문장을 해석하는 방법을 구체적으로 적용 가능한 방식으로 설명. 문법의 기초를 마스터하고 중수로 넘어가는 단계의 학생에게 추천. 문법의 기초는 문법 강좌나 교재로 마스터하고, 문장 해석 연습은 이 책으로 할 것을 추천.

리딩 튜터 Reading tutor 입문
NE능률 영어교육연구소, NE능률

초등~중등 수준의 대표적인 독해 교재. 입문, 기본, 실력, 수능 PLUS로 수준이 나누어져 있어 수준에 맞게 공부할 수 있음. 다양한 주제에 대한 흥미로운 글감으로 구성되어 있어 영어를 좀 더 영어답게 공부할 수 있음. 처음 공부할 때는 문제의 답을 찾기보다는 문장을 정확히 해석하고 내용을 즐기면서 공부할 것.

고등학생이라면, 교과서와 학교 부교재만 이용해도 충분히 독해 연습을 할 수 있다. 여기에 추가적인 공부를 하고 싶다면 영어 모의고사 기출 문제집을 이용해서 공부하면 된다. 고등학생에게는 기출 문제를 이용한 교재가 가장 효과가 좋고, 가성비도 좋다.

단어 암기, 절대로 포기하지 마라

단어 암기는 영어 공부의 첫 걸음이다. 이 첫 걸음이 어렵다. 수많은 학생들이 단어 암기에 도전했다가 포기하고 좌절한다. 단어 암기를 포기하면 영어 자체를 포기하는 것이다. 단어 암기는 절대로 포기하면 안 된다.

하루에 30개씩, 6개월간 단어를 암기하자. 3개월만 지나도 영어 문장을 해석할 때 외운 단어가 나오고, 영어 수업 시간도 재미있어지기 시작한다. 영어 단어의 기초가 없는 영어 초보 단계는 가장 답답한 시기다. 뭘 봐도 이해가 안 되기 때문이다. 이 힘든 시기를 넘기면, 영어 공부가 즐거워지면서 실력이 쭉쭉 올라가는 시기가 찾아온다. 여기서 포기하면, 영포자가 되고 평생 영어를 멀리하게 된다.

여러분은 당연히 현명한 선택을 할 것이라고 믿는다. 기억하자. 매일 30개씩 6개월이다.

1등급의 영어 문법
공부법은 이것이다

> 모든 학습이 그렇듯이 영문법도 반복이 중요하다. 반복을 해서 내용을 완전히 내 것으로 만드는 것이 중요하다. 무소의 뿔처럼 묵묵히 전진하는 것이 분명 지름길임을 잊지 말자.

<u>문법 공부를 꼭 해야 하나요?</u>

중학교에서 만나는 영어 문장들은 주로 짧다. 문법을 몰라도 단어 뜻을 조합하면 문장의 의미를 파악할 수 있다. 우리는 이것을 '끼워 맞추기식 해석'이라고 말한다. 중학생들은 문법을 몰라도 영어를 잘할 수 있을 거라는 생각을 한다.

하지만 이것은 문장이 짧을 때만 가능한 일이다. 고등학교 영어에서 만나는 문장들은 길이가 길다. 이 문장들은 끼워 맞추기식 해석이 불가능하다. 고3이 아닌 고1 모의고사에 등장했던 긴 문장을 2개만 소개한다.

The risk of injury is, of course, one reason parents worry about kids and weights, but as long as the little bodybuilders are properly supervised to prevent overtraining and possible injury, the American Academy of Pediatrics and the President's Council on Fitness say the rewards outweigh the risks. (2014 고1 9월 22번)

물론, 부상에 대한 위험이 부모들이 아이들과 역기에 대해 걱정하는 한 가지 이유지만, 어린 보디빌더들이 과하게 운동하거나 있을 법한 부상을 예방하도록 적절히 관리되는 한, 이익이 위험을 능가한다고 American Academy of Pediatrics와 President's Council on Fitness는 말한다.

On behalf of the Board of Directors and Officers of the Heyerdahl Corporation, I would like to express sincere appreciation and congratulations to Davis Construction Company for successfully completing the reconstruction of our headquarters building in Woodtown, which was destroyed by fire last year. (2015 고1 6월 21번)

Heyerdahl 주식회사 임원 및 이사진을 대표해, 작년 화재로 소실된 Woodtown 소재 저희 본사 건물 재건축의 성공적인 완공에 대하여 Davis 건설 회사에 진심어린 감사와 축하를 표하고자 합니다.

이 정도 문장을 단어 의미만 가지고 해석하기란 불가능에 가깝다.

조각 퍼즐로 비유하면 10조각 내외의 조각 퍼즐은 금방 맞출 수 있지만, 20~30조각 퍼즐을 맞추기 위해서는 꽤 오랜 시간이 필요하다.

정확한 해석을 위해서는 문법이 필요하다

문법에 대한 오해가 있는데, 문법은 문법 문제를 풀기 위해서 배우는 것이 아니다. 긴 문장을 정확하게 해석하기 위해서 필요하다. 수능 영어에서는 문장을 정확하게 해석하는 것이 중요하다. 7~8개의 문장이 모여서 하나의 단락을 이루는데, 문장 하나하나의 의미가 약간씩 어긋나면 단락 전체의 의미가 이상해지고, 결국 지문 전체 의미를 파악하는 것이 어려워진다.

중3까지 등장하는 비교적 짧은 문장은 단어의 의미를 가지고 유추해서 의미를 파악할 수 있다.

I/ have/ a picture/ of my grandma/ holding/ me/ when I was two. (중3 성취도 평가)
나/ 가지고 있다/ 사진/ 나의 할머니의/ 안다/ 나를 / 내가 두 살 때

이 문장에는 '현재분사'라는 꽤 어려운 문법이 사용되었지만, 단어가 쉽고 문장의 길이가 짧은 편이기 때문에 충분히 무슨 의미인지 추측할 수 있다. 내가 두 살 때 나를 안고 있는 할머니의 사진을 갖고 있

다는 뜻이다. 하지만 문장이 길어지면 단어의 뜻을 알고 있다고 해도, 단어가 너무 많기 때문에 무슨 말인지 알 수 없다.

이번에는 고1 때 만나게 되는 문장을 보자.

It's true that before puberty, kids don't gain the same muscle from lifting weights that a teen or adult would, but Dr. Avery Faigenbaum, a noted youth exercise specialist, points to studies in which children as young as six have benefited from strength training and says that, on average, kids show a 30 to 40 percent strength gain when they start lifting for the first time. (2014 고1 9월 22번)

사춘기가 되기 전, 아이들이 역기 운동을 통해 십대나 성인이 얻을 것과 같은 근육을 얻지 못하는 것이 사실이지만, 저명한 청소년 운동 전문가인 Dr. Avery Faigenbaum는 여섯 살 정도의 어린 아이들이 근력 운동을 통해 이익을 얻었다는 연구들을 지목하고, 평균적으로 아이들이 역기 운동을 처음 시작했을 때, 30~40퍼센트의 근력 향상을 보인다고 말한다.

이 정도 길이의 문장은 끼워 맞추기식 해석이 불가능하다. 이 문장을 해석하기 위해서는 단어와 문법을 반드시 알아야 한다. 위 문장에는 '가주어, 진주어, 전치사+관계대명사, 접속사 that, as 원급 as' 정도의 문법이 활용되었다. 이 문법들도 알아야 하고, 이에 더해 문장을 해석하는 경험도 꽤 쌓아야 한다. 중학교 때, 늦어도 고1 때는 문장 해석을 위한 문법을 반드시 완성해야 한다.

중학교와 다른 고등학교 문법

중학교에서는 교과서의 한 단원에 2~3개의 문법 포인트가 있다. 시험 범위가 3단원이면 총 6개의 문법 포인트만 공부해도 시험에서 좋은 성적을 받을 수 있다. 문법 전체를 몰라도 시험의 포인트에 관해서만 집중적으로 공부하면 문법 문제에 대비할 수 있다.

하지만 고등학교의 어법 문제는 범위가 없다. 고등학교의 대표적인 문법 문제는 아래와 같다.

다음 글의 밑줄 친 부분 중, 어법상 틀린 것은? (3점)

Psychologists who study giving behavior ① have noticed that some people give substantial amounts to one or two charities, while others give small amounts to many charities. Those who donate to one or two charities seek evidence about what the charity is doing and ② what it is really having a positive impact. If the evidence indicates that the charity is really helping others, they make a substantial donation. Those who give small amounts to many charities are not so interested in whether what they are ③ <u>doing</u> helps others — psychologists call them warm glow givers. Knowing that they are giving makes ④ <u>them</u> feel good, regardless of the impact of their donation. In many cases the donation is so small — $10 or less — that if they stopped ⑤ <u>to think</u>, they would realize that the cost of processing the donation is likely to exceed any benefit it brings to the charity. (2018 수능 28번)

5개의 보기 중에서 어법상 틀린 것을 찾아야 한다. (정답은 ② what →whether) 이때 보기로 활용되는 문법은 범위가 없다.

물론 수능 어법에 자주 출제되는 포인트는 20~30개 정도로 압축해 정리할 수 있다. 하지만 문법 전반에 대한 지식이 없으면 그런 포인트를 이해하는 것조차 어렵다. 결국 고등학교 문법 문제에 대비하기 위해서는 문법 전체에 대한 지식에 덧붙여 기출 문법 포인트까지 익혀야 한다.

영문법 공부에도 순서가 있다

영문법 공부에는 순서가 있다. 수학에서 더하기를 알아야 곱하기를 알듯 영문법에도 순서가 있다. 이 순서에 맞게 공부를 하면 막힘없이 영문법을 이해할 수 있다. 반대로 말하면, 순서대로 영문법을 공부하지 않으면 제대로 이해를 할 수 없고 결국 머릿속이 뒤죽박죽되어서 영어에 흥미를 잃게 된다.

안타깝게도 학교에서 배우는 교과서는 소재와 활동이 중심이 되다 보니, 영문법의 순서는 지키지 않고 있다. 그래서 중학교 때 교과서 위주로 영어 공부를 한 학생들은 영문법의 처음과 끝이 정리가 되지 않은 경우가 다수이다.

영문법을 공부하는 순서는 기본적으로 다음과 같다.

1	8품사
2	주어, 동사, 목적어, 보어
3	문장의 1형식~5형식
4	사역동사, 지각동사
5	과거, 현재, 미래 시제
6	진행 시제, 완료 시제
7	조동사
8	수동태
9	to부정사
10	동명사
11	현재분사, 과거분사
12	분사구문
13	관계대명사
14	관계부사
15	복합관계대명사

기타	명사절을 이끄는 접속사
	부사절을 이끄는 접속사
	도치, 강조, 가정법

만약 영어 초보라면 이 순서가 어떤 의미인지 파악하기가 어려울 것이다. 이런 때는 아래에서 추천하는 강의나 교재로 영문법을 공부하기 바란다.

순서에 맞게 공부하면 여러분도 영문법을 마스터할 수 있다는 것을 경험하게 될 것이다. 영문법은 의외로 이해가 잘되고, 재미가 있는 영역이다. 강의 순서를 따라 공부하면서 영문법의 재미를 느껴보기 바란다.

인터넷 강의로 문법의 기초를 쌓아라

권장은 중학교 때, 늦어도 고1까지는 문법 전체에 대한 개념을 완성해야 한다. 그래야 문장을 정확하게 해석할 수 있고, 문법 문제를 풀 수 있다.

가장 빠르게 영문법의 기초를 완성할 수 있는 방법은 인터넷 강의를 이용하는 것이다. 문법은 혼자서 공부하기보다는 일단 인강을 통해서 문법의 기초를 쌓는 것을 추천한다. 아무리 훌륭한 문법책도 혼자서 보면 이해하기 어렵다. 단어는 혼자서 공부할 수 있는 '암기'이지만, 문법은 암기보다는 '이해'에 가깝다. 한 번만 제대로 이해하면 머릿속에 제대로 기억되는 만큼 영문법은 인강을 들으며 하나하나 이해하면서 공부하자.

무료로 기초 문법을 완성할 수 있는 EBS강의들이 많다. EBS강의는 기초가 부족한 학생들을 위한 강의를 만드는 데 주력하고 있다. 학원에는 영포자를 위한 강의가 많지 않다. 그리고 영포자들은 학원 가기가 부담스럽고, 왕초보 수준에서부터 학원의 힘을 빌리면 비용도 만만치 않게 들어간다. 자신이 영어 왕초보라면, EBS강의를 활용해서 초보를 탈출하자.

EBS강의가 딱딱하고 재미없다는 것은 옛말이다. 물론 EBS강의는 일부 사설 강의처럼 비속어와 재미를 위한 과격한 표현은 사용할 수 없다. 하지만 EBS는 엄격한 검수 시스템이 있어서 강의를 제작한 후 검수를 거쳐서 오류를 수정한 뒤에야 정확한 내용의 강의를 업로드한다. 재미는 좀 덜 해도 강의 내용에 오류가 없다는 점은 인강에서 가장 중요한 점 중 하나다.

나는 기초 영문법 강의를 지난 10년간 수도 없이 많이 제작했다. 영어가 어려운 학생들에게는 기초 영문법 강의가 가장 필요하기 때문이다. 그 중에서 현재 추천할 만한 강의들과 강의로 바로갈 수 있는 QR코드를 알려준다. 모두 무료 강의다. 바로 가서 기초 영문법을 빠르게 마스터하자. 영어는 단어와 문법만 완성되어도 일단 자신감이 확 올라간다.

강좌 바로가기

[EBSi]정승익의 RESTART영문법

중고등학생들에게 필요한 필수영문법을 15강에 강의. 빠르게 영문법 기초를 잡기에 좋은 강의. 교안은 자료실에서 무료 다운로드.

강좌 바로가기

[EBSi]정승익의 그래머파워 기본편

EBS에서 출간한 동명의 문법 교재를 바탕으로 한 강의. 기본편 한 권으로 중고등학교에서 필요한 주요 문법을 익힐 수 있음. 문제도 풍부하게 수록하고 있어서 문법 문제에 대한 적응 능력도 기를 수 있음.

강좌 바로가기

[EBSi]정승익의 개념잡는 대박노트

한 권으로 기초 문법, 문법 문제, 수능독해를 배우는 강의. 수능 영어, 공무원 영어, 토익 시험에 도전하는 수험생들이 가장 짧은 시간에 영어의 기초를 완성하고 싶다면 이 강의를 들을 것을 추천. 기초 문법은 중학생도 들을 수 있는 수준.

가볍게 여러 번 반복하라

'가볍게 여러 번 반복'은 문법 공부의 원칙이다. 어떤 교재와 인강을 이용하더라도 좋지만, 가볍게 여러 번 반복하는 것이 중요하다.

야심차게 두꺼운 문법책을 사서 초반 10% 정도만 열심히 공부하고 나머지는 손도 못 대고 포기한 경험이 있는가? 아마도 여러분 중 많은 수가 이런 경험을 여러 번 했을 것이다. 포기하지 않고 일단 끝까지 가는 것이 중요하다.

끝까지 가기 위해서는 가벼운 마음으로 공부에 임해야 한다. 한 번에 끝내고 싶다는 욕심이 생기겠지만 절대로 문법은 한 번에 마스터할 수 없다.

많은 학습자들이 문법 강의 1, 2강을 듣고서 생기는 질문들을 게시판을 통해서 물어온다. 질문의 내용을 보면 답을 할 수가 없다. 너무 초보적인 것들을 물어보기 때문이다.

물론 처음에는 궁금한 것이 많을 수밖에 없을 것이다. 하지만 그 궁금증을 참지 못하고 하나하나 다 해결하면서 진도를 나가려고 하면 진도를 나아갈 수가 없다. 그러다보니 결국 끝까지 가기도 전에 지쳐서 포기해버린다.

이를 이해하기 쉽게 게임으로 비유해보자. 레벨5만 되면 충분히 물리칠 수 있는 몬스터인데 레벨1로 자꾸 도전을 하니, 패배하는 것이다. 레벨5가 되면 당연히 이해할 수 있는 문법 내용을 레벨1 수준에서 자꾸만 궁금해 하니까 이해가 안 되는 것이다.

가벼운 마음으로 문법 강좌를 완강하면 자연스럽게 처음 1레벨에서 10레벨 정도로 수준이 오른다. 이때 다시 배운 내용을 반복하면 된다. 그러면 처음에는 놓치고 이해가 안 되었던 내용들이 눈에 들어온다. 그렇게 문법의 고수가 되는 것이다. 답답해 하지 말고, 궁금해 하지 말고 일단 완강을 하고 난 후에 반복을 하는 것이 문법 공부의 핵심이다.

영문법책을 단권화하라

과거에 문법책은 거의 한두 권이었다. 전설의 영문법책 성문영문법이 있었고, 이후에는 맨투맨 영문법이 있었다. 전국의 거의 모든 학생이 이 책들로 영문법을 배웠다. 그런데 한두 권으로 영문법을 배우던 때와 수백 권의 다양한 영문법 책이 존재하는 지금을 비교하면, 과연 지금 시대에 영문법을 공부하는 것이 더 수월해졌을까? 그렇지 않은 것으로 보인다.

모든 학습이 그러하지만 영문법도 특히 반복이 중요하다. 한번 본 후에 다시 반복을 해서 내용을 완전히 내 것으로 만드는 것이 중요하다.

공부할 책이 한 권밖에 없을 때는 그 책을 닳도록 공부했기 때문에 자연스럽게 반복이 이루어졌다. 하지만 수많은 교재와 공부법이 존재하는 요즘은 학생들이 찔끔찔끔 공부하면서 더 편하고 효율적인 방법을 찾는다. 반복이 안 이루어지는 것이다.

문법책을 한 권만 선정해서 중간에 포기하지 말고 끝까지 보자. 책을 하나 선정해서 최소 3~4회 반복해 내용을 내 것으로 만들어 영문법의 기초를 세우자. 기초를 마스터하면 추가로 공부하는 내용이 머릿속에 차곡차곡 정리가 잘된다.

단권화를 위한 수준별 영문법 교재를 추천한다. 다음에 소개하는 책들은 완성도가 높고, 딱 한 권으로 영문법의 기초를 세울 수 있는 책들이다. 책의 내용이 좋아서 나도 사서 집에 보관하고 많이 참고하는 책들이다. 수준과 흥미에 맞게 선택해서 한 권을 반복해서 보자. 그렇게 실천하면 영문법을 보는 눈이 확 트일 것이다.

수준별 영문법 교재 추천

GRAMMAR ZONE 그래머존 입문편
능률영어교육연구소, NE능률

초등학교 고학년, 중1이 보기에 딱 좋은 적당한 수준. 삽화와 함께 내용이 흥미롭게 제시되어 있다. 꼭 필요한 내용을 간결하고 담백하게 정리한 책. 입문자용으로 적극 추천.

GRAMMAR ZONE 그래머존 종합편
능률영어교육연구소, NE능률

중3~고1이 영문법을 완성하기에 적당한 책. 기본편도 있지만, 종합편을 추천. 기본편은 2권의 책으로 구성되는 단점이 있음. 종합편은 1권으로 기초 영문법의 모든 것을 담고 있음. 내용 정리가 깔끔하면서 오류가 없고, 단권화 교재로 분량이 딱 적당.

중학영문법 총정리
허준석 저, 쏠티북스

EBS 영어 강사 허준석 선생님이 집필한 책. 중학교 교과서에 나오는 문법 요소를 한 권에 몽땅 집어넣은 책. 재미난 삽화와 함께 모든 문법 요소를 깔끔하게 정리해서 중학생들이 학교 공부를 하면서 참고할 수 있는 책.

EBS Grammar Power 그래머 파워 기본
편집부, 한국교육방송공사

EBS의 대표 문법 시리즈인 그래머 파워의 기본편. 중3~고1 정도가 꼭 알아야 할 문법들을 한 권에 담고 있음. EBSi의 무료 강의를 들을 수 있다는 점에서 다른 책들에 비해 큰 장점이 있음. 강의를 통해서 교재를 공부하고 나면 문법의 기초를 확실하게 세울 수 있음.

문법 공부에 끝은 없다

슬픈 소식이지만, 문법 공부에 끝은 없다. 영문법 강의를 완강했다고 해서, 문법 문제집 1권을 다 풀었다고 해서 영문법을 마스터한 것이 아니다. 일단 위에서 추천한 강좌와 교재들을 이용해서 문법의 기초를 쌓자. 그렇게 기초를 쌓은 이후에는 두 갈래로 꾸준히 문법 공부를 하자.

기초 문법을 마스터한 이후의 공부
- 수능과 내신의 문법 문제를 위한 문법
- 문장 해석을 위한 문법

고3까지 과정에서 필요한 문법은 위의 2가지이다. 기초 영문법이 완성되면 수능과 내신에 출제되는 문법 문제를 위한 문법은 빠르게 마스터할 수 있다. 수능에서 문제로 출제되는 문법들(어법 포인트)을 나열하면 '진짜동사, 수일치, 도치, 병렬, 대명사, 대동사, 수동태, 현재분사, 과거분사, 분사구문, to부정사, 동명사, 의문사, 관계사, 접속사, 형용사, 부사, 동사숙어' 등이다. 이 외에도 세부 분류를 하자면 더 많은 어법 포인트들이 있지만, 기초 영문법이 완성된 상태라면 기출 문법 문제들을 풀면서 충분히 문법 문제를 대비할 수 있다.

오히려 더 어려운 것은 긴 문장의 해석이다. 기초 영문법을 배울 때는 문법 포인트가 강조된 짧은 문장을 해석한다. 하지만 고2, 고3에서 만나게 되는 영어 문장들은 길이가 굉장히 길고 구조가 복잡하다. 이 문장들을 해석해야 비로소 수능 영어를 정복할 수 있다. 이제 문장을 해석하기 위한 방법을 익히자.

1등급의 영어 문장 해석 공부법은 이것이다

> 문장 해석은 가장 많은 학습자들이 어려움을 겪는 부분이다. 문장 해석이 잘되지 않고, 지문의 내용이 잘 이해되지 않는다면, 이제부터 하는 이야기에 귀 기울이기 바란다.

단어를 유추하지 말고 외워라

독해를 할 때 단어 뜻을 찾아보지 말고 유추해야 된다는 이야기를 들어봤을 것이다. 학생들은 이 말을 자신에게 유리하게 해석해서 '단어를 외우지 않아도 된다'라고 이해한다. 하지만 외국어 고수들에게 물어보면 한결같이 공부의 비결로 꼽는 것이 암기와 성실함이다. 성실하게 매일매일 새로운 것을 익히고 외워야만 외국어를 잘할 수 있다. 아무리 영어의 고수라도 평생 공부를 해야 한다.

그러니 하물며 영어 초보는 어떻겠는가. 매일매일 새로운 단어를 외우고 또 외워야 한다. 단어는 기본적으로 의미를 2~3개 이상 갖고 있다. 기본 의미를 익힌 상태에서 맥락에 맞는 의미를 유추하는 것이지, 단어의 의미를 전혀 모르는 상태에서 아무렇게나 추측하는 것이 유추가 아니다.

영어 초보라면 하루에 30개씩 6개월은 외워서 단어의 기본을 완성해야 한다. 그런 수준이 되어도 모르는 단어는 만나게 되어 있다. 그때 조금씩 모르는 단어의 의미를 맥락을 이용해서 유추하는 것이다. 문장 해석이 정확하게 안 되는 가장 큰 이유는 단어를 몰라서다. 지금 바로 단어 암기를 시작하자.

문법 공부, 제대로 하라

문법은 구시대적인 공부라고 생각하고 공부를 제대로 하지 않는 학생들이 있다. 물론 문법을 몰라도 영어를 잘할 수 있다. 하지만 이 경우는 문법 공부하는 것보다 더 많은 시간을 영어로 된 글들을 읽는 데 써야 한다.

수학으로 비유하면 공식 하나 외우고 연습 문제 2~3문제 풀면 되는데, 공식을 안 외우고 연습 문제 20~30문제를 풀어서 공식을 거꾸로 익히게 되는 것이다. 대부분의 중고등학생들에게는 그냥 문법을 공부하는 편이 더 편하다.

문법을 공부하면 문장의 해석이 더욱 정확해진다. 다음의 짧은 문장을 보자.

That/ makes/ the thermometer/ hotter/ than the air. (2017년 고3 3월 37번)

그것/ 만들다/ 온도계　　　　/ 더 뜨겁게/ 공기보다

문장이 짧으니까 대강대강 끼워 맞추면 의미가 나오긴 할 것이다. 하지만 '사역동사'라는 문법을 알면 이 문장은 더욱 정확하고 빠르게 해석할 수 있다. 요즘의 문법 교재와 강의는 문법의 실제적인 활용을 많이 강조한다. 사역동사라는 용어에만 집착하지 않고, make를 어떻게 활용하는지 알려준다.

사역동사: '무엇이 ~하도록 시킨다'는 의미의 동사

make + 목적어 + 목적격보어

해석: 목적어를 목적격보어하게 만들다.

make me laugh 나를 웃게 만들다

make her happy 그녀를 행복하게 만들다

make him a president 그를 대통령으로 만들다

이 정도 공부한 상태에서 위 문장을 다시 보면 밑줄 친 부분의 make가 더욱 잘 보일 것이다.

That makes the thermometer hotter than the air.

　　　온도계가 공기보다 더 뜨겁도록 만들다.

문법은 문장을 정확하게 해석할 수 있는 공식이다. 문법을 우선 확실하게 공부하자. 문법을 이용해서 정확하게 문장 해석을 배우는 것을 '구문'이라고 한다. 추천할 만한 구문 교재들을 소개한다.

구문 교재 추천

천일문 기본 베이직 1001 SENTENCES Basic ver.3.0
김기훈, 인지영, 이경진 공저, 쎄듀(CEDU)

전설적인 구문 교재. 메가스터디 영어 강사 김기훈 선생님의 강의 교재이기도 함. 1001개의 문장을 해석하면서 문법도 익히고, 문장 해석의 원리를 학습. 배운 문법을 문장에 적용하는 연습을 하기에 좋은 교재.

혼공 구문독해 기본(순한맛)
정승익, 허준석 저, 랭기지플러스

중고등 수준의 학생들이 혼자서 학습할 수 있는 구문 교재. 난이도에 따라서 순한맛과 매운맛이 있음. 문법의 기초를 익힐 수 있으며 이를 이용해 수능과 모의고사 기출 문장을 풍부하게 해석해볼 수 있음. 혼자 공부할 수 있도록 친절하게 해석과 해설을 제공하는 것이 특징.

매3영 매일 3단계로 공부하는 영어 문장구조 훈련
키 영어학습방법연구소, 키출판사

몇 해 전부터 큰 인기를 얻고 있는 고교 구문 교재. '단어 - 구문 - 독해'의 3단계로 공부를 하면서 배운 내용이 반복되도록 구성한 것이 특징. 타 교재들과 마찬가지로 수능에 필요한 거의 모든 문법을 수록하고 있음.

문장 암기가 도움이 된다

문장 해석이 정확하게 안 되는 영어 초보들에게는 문장 암기도 큰 도움이 된다. 문장을 암기하면 단어와 문법을 한 번에 내 것으로 만들 수 있는 장점이 있다. 문장을 암기하기까지 굉장히 많은 수고가 필요하지만 궁극의 공부법이라고 해도 과언이 아닐 만큼 문장 암기의 효과는 크다.

문장 암기의 장점

- 영어의 문장 구조를 완전히 내 것으로 만들 수 있다.
- 따로 단어를 외우지 않아도 단어 암기의 효과가 있다.
- 문법을 완전히 내 것으로 소화할 수 있다.
- 원어민스러운 영어 감각을 기를 수 있다.

초보 단계에서 단어 암기에 자꾸 실패하고, 문법 공부에 어려움을 겪는 학생이라면 문장을 통째로 암기하는 것을 추천한다. 중학생이라면 교과서의 문장을 외워도 좋다. 고등학생이라면 지난 수능에 등장했던 문장 중에서 문법적으로 외울 가치가 있는 문장 100개를 이 책 맨 뒤의 부록에 소개한다. 부록의 문장들을 암기한다면, 또는 완전히 암기하지는 못해도 이 문장들에 익숙해진다면 분명히 영어 문장을 해석할 수 있는 힘이 길러질 것이다.

영자 신문에 도전하라

영어를 공부할 때 느낄 수 있는 쾌감 중 하나가 교과서를 벗어나서 진짜 실생활에서 쓰이는 영어를 이해할 때이다. 대표적으로 영자신문의 기사에 있는 내용을 이해할 수 있을 때 지금 하고 있는 공부가 장차 도움이 될 거라는 확신이 생기고, 자신감이 확 올라온다. 이는 앞으로 공부를 계속할 수 있는 힘을 준다.

단어를 어느 정도 외워서 자신감이 생겼다면 단어책, 교과서를 벗어나서 다양한 읽을거리에 도전하자. 영어로 된 읽을거리를 구하는 것은 너무나 쉬운 일이다. 원서를 사거나 구하는 것이 부담스럽다면, 구글에서 조금만 검색해도 자신이 원하는 읽을거리를 찾을 수 있다.

한 가지 팁을 주자면, 크롬 브라우저, 네이버의 웨일 브라우저 등 많은 인터넷 브라우저들이 번역 기능을 제공하고 있기 때문에 스스로도 충분히 영어로 된 읽을거리를 해석한 다음에 정확한 해석과 자신의 해석을 비교해볼 수 있다.

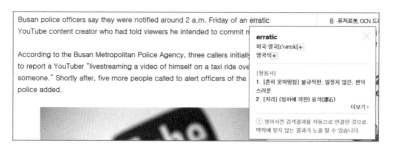

출처: https://goo.gl/WwErJY

현재 웹브라우저의 발달로 컴퓨터로 영자 신문을 읽을 때 모르는 단어에 마우스 커서를 위치하면 모르는 단어의 의미가 바로바로 표시된다. 따라서 매우 효과적으로 흥미롭게 영어 공부를 할 수 있다.

가입 없이 무료로 이용할 수 있는 영자 신문 사이트들을 소개한다. 청소년을 위한 영자 신문 사이트들은 대부분 유료로 운영되는데, 해석을 제공하고, 단어를 따로 정리해서 제공한다는 특징이 있다. 유료가 부담된다면, 아래의 무료 사이트들을 이용해 약간의 노력만 기울이면 모르는 단어나 표현의 의미를 정리할 수 있다.

주요 영자신문 사이트 바로가기

중앙DAILY   아리랑TV   네이버 영자신문

다만 영자 신문으로 공부할 때 주의할 점이 있다. 뉴스 기사 중에서 자신의 흥미를 끄는 기사를 공부해야 한다. 신문에는 정치, 외교, 경제 등 다양한 분야의 기사들이 실려 있다. 한국말로 된 뉴스에서도 관심을 두지 않는 정치, 외교 분야의 기사를 굳이 영어로 공부할 이유가 없다. 한국말로도 이해가 되지 않는 내용은 영어로 보면 더욱 난감할 뿐이다.

대부분 신문에서 메인 뉴스는 주로 정치, 경제 분야의 기사들이지만 학생들이라면 culture, entertainment 쪽의 기사들로 공부를 하는 것을 추천한다. 자신이 관심을 갖고 좋아하는 것을 영어로 공부할 때 학습 효과가 극대화되고, 영어를 공부하는 보람을 느낄 수 있다.

1등급의 영어 듣기 공부법은 이것이다

> 일단 모르는 단어와 표현을 잡는 데 주력해야 한다. 그런 다음 듣기에 활용되는 단어와 표현에 자신이 생기면, 그때 주기적으로 듣는 연습을 하면서 영어 듣기에 적응하면 된다.

듣기의 기초는 눈으로 잡자

중학교는 1년에 1번 듣기평가를 실시해 대부분의 경우 이를 영어 성적에 반영하고, 고등학교에서는 수능 듣기 영역에서 17문제가 출제되기 때문에 듣기에 대한 대비가 필요하다. 듣기에서 좋은 점수를 받지 못하는 학생들은 대개의 경우 듣기를 꾸준히 실시하면 듣기 실력이 향상될 것이라고 생각하는데 잘못된 생각이다. 듣기를 잘 틀리는 학생들은 다음 질문을 스스로 해봐야 한다. "왜 안 들릴까?"

어떤 부분이 안 들리기 때문에 내용을 이해하지 못하고 문제를 틀린다. 왜 안 들릴까? 속도의 문제가 아니다. 동일하게 읽어주는 내용 중에서 특정한 부분만 이해가 안 되는 이유는 그 부분에 해당하는 단어와 표현을 모르기 때문이다.

실제로 고등학생 기준으로 모의고사 3등급 이하의 학생들은 점수로는 70점 이하의 학생들인데, 모르는 단어나 표현이 많다. 이 학생들은 눈으로 봐도 모르는 내용을 귀로 듣기 때문에 안 들리는 것이다.

2018년 수능 듣기평가 17문제에 출제된 주요한 표현들은 다음과 같다. 모두 해석이 되는지 확인해보자.

1. I'm wondering if I could talk with him. (2018 수능 2번)

2. To satisfy our audience's growing needs, we've added three new functions to our app. (2018 수능 3번)

3. I hope these new functions of our radio app will make your day more enjoyable. (2018 수능 3번)

4. You'll practice how to use various equipment for extinguishing fires. (2018 수능 5번)

5. She said she rearranged it and emailed me a photo. (2018 수능 6번)

6. Did you take care of the accommodations? (2018 수능 7번)

7. For example, participants will look for dinosaur bones hidden in sand and then put them together. (2018 수능 10번)

8. It won't overlap with our family trip. (2018 수능 10번)

9. Registration is only available on the conference WEBSite. (2018 수능 11번)

10. The registration fee is $30, and it's non-refundable (2018 수능 11번)

11. Lastly, in Australia, the material of choice is hardwood from local trees. (2018 수능 16번)

1. 나는 그와 이야기를 할 수 있는지 여부를 궁금해 하고 있는 중이다.

2. 청중의 커지는 욕구를 충족시키기 위해서, 우리는 3개의 새로운 기능을 우리 앱에 더했다.

3. 나는 우리 라디오 앱의 이러한 새로운 기능들이 여러분의 하루를 더욱 즐겁게 만들기를 희망한다.

4. 너는 화재를 진압하기 위한 다양한 장비 사용법을 실습할 것이다.

5. 그녀는 그 방을 재배치했다고 하면서 내개 이메일로 사진을 보내줬다.

6. 숙박 시설은 처리하셨나요?

7. 예를 들어, 참가자들은 모래에 묻힌 공룡 뼈를 찾아서 그것들을 조립할 것이다.

8. 그것은 우리 가족 여행과 겹치지 않을 것이다.

9. 등록은 회의 웹사이트에서만 가능하다.

10. 등록비는 30달러이며 환불되지 않습니다.

11. 끝으로, 호주에서, 선택 재료가 그 지역의 나무에서 나는 단단한 목재이다.

이 문장들을 해석하면서 군데군데 막히는 부분이 있다면 그것이 바로 문제다. 이 문장들을 귀로 들으면 순간 이해가 안 되면서 당황하게 되고, 그것 때문에 전체 내용을 이해하지 못하게 되면서 문제를 틀리는 것이다.

이것은 중학교 듣기, 고등학교 듣기, 각종 영어공인시험에서도 마찬가지다. 초보에서 중수 정도의 수준까지는 모르는 단어와 표현을 잡는 데 주력해야 한다. 그런 다음 듣기에 활용되는 단어와 표현에 자신이 생기면, 그때 주기적으로 듣는 연습을 하면서 영어 듣기에 적응하면 된다.

연음과 억양은 귀로 잡아라

영어 단어를 익히고 문법을 배워도 영어가 잘 안 들릴 수 있다. 이는 영어 특유의 연음과 억양 때문이다. 연음은 영어를 말하는 사람들이 영어를 편하게 말하는 과정에서 특정 발음이 탈락하거나 변하는 경우다.

아주 대표적으로 미국 사람들은 water를 [워러]라고 발음한다. [워터]라고 정확하게 발음을 하면 좋겠지만, [t] 발음은 힘이 많이 들어가기 때문에 대부분의 경우 [r]발음으로 변하게 된다. 연음을 법칙으로 정리할 수도 있다. water의 경우 '모음과 모음 사이에 있는 t, d는 r로 약화되어 발음된다' 이런 식으로 말이다. 하지만 굳이 듣기를 법칙으로 익히기보다 많이 듣는 것을 추천한다.

실제로 미국 사람들이 영어를 어떻게 발음하는지 들으면 따로 법칙을 정리하거나 배우지 않아도 자연스럽게 연음을 익힐 수 있고, 미국인 특유의 높낮이가 있는 억양도 습득할 수 있다.

better [베럴]

put on [푸론]

nobody [노바리]

이런 식으로 스펠링과 다르게 발음되는 것들은 실제로 들으면서 익히자. 조금만 노력을 기울이면 영어듣기평가에서 접하게 되는 연음은 모두 잡을 수 있다. 영어듣기평가는 실생활보다 훨씬 더 천천히 정확하게 발음하기 때문에 연음 현상이 많이 일어나지 않는다. 듣기에 나오는 단어와 표현을 잡았다면, 이제 귀를 이용해서 연음과 억양을 잡아보자.

진짜 영어를 들어보자

듣기평가 영어를 정복했다면, 진짜 영어 듣기에 도전해보자. 듣기평가에서 이루어지는 대화는 실생활에서 원어민이 말하는 속도보다 심하게 느리고, 쓰이는 단어도 굉장히 한정적이다. 듣기평가를 만점 받는다고 해서 실생활에서 영어 듣기가 잘되는 것은 아니다.

옛날과 달리 요즘은 인터넷과 기술의 발달로 정말 다양한 경로로 미국과 영국의 생생한 영어를 들을 수 있다. 그중에서도 중고등학생들에게는 유튜브가 최고의 공부 수단이라고 생각한다.

유튜브를 이용해 듣기를 할 때는 자신의 수준과 관심사를 고려해서 들을거리를 선정해야 한다. 자신의 관심 분야에 관련된 영상을 영어로 들으면 다른 영상들보다 훨씬 더 이해를 잘할 수 있다. 아는 분야인 만큼 집중이 잘되고 맥락을 알기 때문에 수월하게 내용을 이해할 수 있다.

자신이 좋아하는 것, 관심 있는 것을 생각해보자. 그리고 그것을 영어로 유튜브에서 검색하면 영어로 된 영상을 만날 수 있다. 예를 들어 어린 시절 가지고 놀던 LEGO에 대해서 관심이 있다면 'LEGO'를 검색한다.

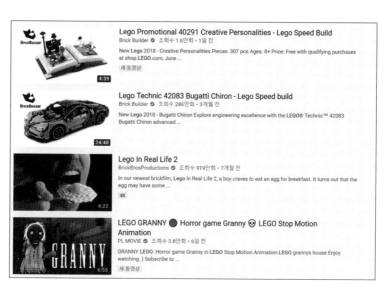

출처: 유튜브

LEGO와 관련된 각종 영상들이 검색된다. 많은 분야에서 외국의 정보가 국내 정보보다 앞서 있다. LEGO의 경우도 국내보다 해외에서 먼저 출시되는 경우가 많기 때문에 영어로 된 영상은 국내보다 한 발 앞선 정보를 담고 있다.

요즘의 중고등학생들은 유튜브 영상을 정말 많이 시청한다. 기왕이면 영어로 된 영상을 본다면 공부와 재미라는 2마리 토끼를 모두 잡을 수 있다. 영어로 된 유튜브 영상을 보는 것이 과연 정말 재미있을까? 자신이 정말 좋아하고 흥미로워하는 것에 대해 본다면 충분히 즐길 수 있다.

여학생이라면 화장에 관심이 많을 것이다. 국내 뷰티 유튜버들도 많이 있지만, 유튜브에 'makeup'이라고 검색해보자. 남학생들은 슈퍼히어로를 좋아할 것이다. 유튜브에 'marvel'이라고 검색해보자. 여러분들이 좋아하는 영상들을 만날 수 있을 것이다. 유튜브만 제대로 활용해도 제대로 듣기 공부를 할 수 있다. 한 가지 팁을 주자면, 요즘 대부분 유튜브 영상들은 자막 작업이 되어 있다. 영어 자막을 이용하면 잘 들리지 않는 부분의 내용을 눈으로 확인할 수 있다.

마무리는 미드로 하자

미드가 영어 공부에 도움이 되는 것은 다들 알 것이다. 영어 초보가 미드로 공부하는 것은 절대로 추천하지 않는다. 미드는 등장인물들이 실생활 속도로 배려 없이(?) 말하기 때문에 영어 실력이 없을 때는 이 해되는 부분이 거의 없다. 일단 영어듣기평가 시험은 거의 만점을 받는 수준에 이르렀을 때 미드를 보면 훨씬 더 즐겁고 효율적으로 공부할 수 있다.

다만 요즘 학생들이 좋아하는 미드를 보면, 좀비가 나오거나, 폭력적이거나 자극적인 경우가 많다. 사실 이런 미드는 재미는 있지만, 영어 공부에 큰 도움이 되지 않는다. 미드는 단순히 재미를 위해 즐기는 것과 그것을 이용해서 공부하는 것은 차이가 크다. 직접적으로 영어 공부에 도움이 되는 미드를 알아보자.

청소년의 영어 공부에 도움이 되는 미드의 조건

– 자신의 환경(집, 학교, 일상)이 배경인 미드가 좋다.

– 미드는 워낙 길이가 길기 때문에 재미가 있어야 한다. 자신이 좋아하는 배우가 등장하거나 기본적으로 재미가 보장된 미드를 보자.

아무리 명작 미드로 평가받는 작품도 로마시대나 중세시대를 배경으로 하거나, 실제로 자신이 영어를 사용하게 될 환경인 집과 학교를 배경으로 하지 않는다면 미드에서 배운 표현을 활용할 수가 없다.

일단 공부를 목적으로 한다면, 자신의 일상과 최대한 비슷한 환경을 배경으로 하는 미드를 선정해서 공부하는 것이 좋다. 청소년들이 재밌게 볼 수 있고, 영어 공부에도 도움이 되는 미드를 추천한다.

길모어 걸스(GILMORE GIRLS)

엄마와 딸의 이야기를 다룬 미드. 아는 사람들 사이에서는 최고의 미드로 뽑히기도 하는 명작. 특히 여학생들에게 인기. 탄탄한 스토리를 갖추고 있고 유머, 감동까지 느낄 수 있는 작품. 일상 대화를 익힐 수 있어서 미드를 공부하는 이들에게 이미 유명한 작품.

가십걸(GOSSIP GIRL)

뉴욕 맨해튼 최상류층 자녀들의 모습을 그린 드라마. 뉴욕을 배경으로 하고 있어 보는 것만으로 눈이 즐겁고 대리만족을 할 수 있는 작품. 조금 자극적이고 유치한 면도 있지만, 눈이 즐겁고 재미있게 즐길 수 있는 작품. 무엇보다 학교를 배경으로 하고 있어 학생들이 일상 대화를 익히기에 제격.

글리(GLEE)

합창 클럽을 배경으로 펼쳐지는 고등학생들의 성장스토리를 담은 드라마. 노래를 좋아하는 학생들의 최애 드라마. 학교와 일상 관련 대화들을 익힐 수 있고, 무엇보다 귀가 즐거운 드라마.

모던패밀리(MODERN FAMILY)

현대 미국 가족들의 여러 가지 일상을 보여주는 드라마. 제목 그대로 다양한 가족들의 이야기를 다루고 있어서 가정, 집, 일상의 대화를 공부하기에 최적의 미드. 유머 코드 또한 훌륭해서 많은 이들이 사랑하는 미드.

셜록(Sherlock)

셜록홈즈를 현대적으로 재해석한 영국 드라마. 영국 발음에 대해서 공부하고 싶은 학생들에게 추천하는 드라마. 마블 영화에 나와서 세계적으로 유명해진 베네딕트 컴버배치, 마틴 프리먼이 등장해 눈이 더욱 즐거운 영화. 재미 면에서 압도적이라서 꾸준히 볼 수 있음.

그외 추천하는 드라마

– 화이트칼라(White Collar): 꽃미남 사기꾼 '닐'과 FBI 요원 '피터'가 펼치는 수사드라마

– 히어로즈(Heroes): 초능력을 소유한 이들이 세상을 구하기 위해서 고군분투하는 흥미진진한 초능력물.

– 수퍼내추럴(Supernatural): 천사와 악마와 같은 초자연적인 현상을 다룬 미스터리하고 흥미진진한 드라마. 미국에서도 엄청난 인기를 얻어 시즌이 끝없이 이어지고 있음.

– 뉴스룸(The Newsroom): 뉴스 보도국을 배경으로 중립 성향에서 점차 변해가는 뉴스 앵커를 중심으로 진행되는 이야기. 뉴스를 소재로 한 드라마이기 때문에 단어와 표현의 수준이 높음. 뉴스에 관심이 있는 학생들이 진지하게 즐길 수 있는 드라마.

– 더오피스(The Office): 시골 마을 제지회사 직원들의 이야기를 담은 드라마. 비즈니스 회화를 익힐 수 있으며 코미디 요소가 강함.

미드로 공부를 할 때는 일단 한글 자막을 이용해서 미드를 한 번 즐기고, 그 다음에는 영어 자막을 이용해서 보고, 이후에는 자막 없이 보는 것이 기본적인 공부법이다.

여기에 추가를 하자면, 대본을 구글에서 다운 받아 인쇄해서 공부를 하면 더욱 도움이 된다. 미드 〈모던패밀리〉의 대본을 구하고자 한다면, 구글에서 'modern family script'라고 검색하면 된다. script는 대본이라는 뜻이다.

명심할 점은 같은 미드를 여러 번 보면서 공부할 수 있는 의지와 인내심이 있어야 한다는 것이다. 한두 번 보고 지나쳐 버리면 공부가 약간은 되겠지만, 영어 실력에 큰 향상은 없다. 뭐든지 공부가 되려면 조금 힘들고 인내가 필요하다는 사실을 잊지 말자.

1등급의 영어 말하기
공부법은 이것이다

> 내가 목표로 하는 말하기 수준을 정해야 한다. 이를 정확하게 정하려면 우선 영어 말하기의
> 목표가 확실해야 한다. 그 목표에 따라 공부법을 적용하면 도움이 될 것이다.

대한민국에서 영어 말하기란?

대한민국에서 영어를 고3까지 공부하는 학생들이 가장 자신 없어 하는 부분이 바로 말하기다. 그 이유는 명확하다. 말하기는 수능에서 평가하지 않기 때문이다. 고3까지 과정에서 말하기는 그저 학교에서 한 번씩 수행평가 볼 때 하는 그런 것이다.

그런데 대학 이후에 우리가 영어를 잘하느냐 못하느냐는 말하기로 평가한다. 원어민과 막힘없이 이야기를 하면 영어를 잘한다고 하고, 토익을 만점을 받아도 회화를 못하면 그 사람은 영어를 못한다고 한다. 굉장히 이상한 평가 잣대를 우리 모두가 갖고 있는 것이다.

이런 식의 시고방식은 이해는 되지만 동의할 수 없다. 수능 때문에

대한민국의 학생들은 고3까지는 단어와 문법을 바탕으로 한 읽기에 주력할 수밖에 없다. 모의고사에서 1등급이 안 나오는 학생에게 말하기가 진짜 영어 공부니까 말하기를 공부하라고 강요할 수 없다. 대한민국의 학생들은 공부할 것이 그것 말고도 너무 많다.

일단 학교 영어 성적과 모의고사 성적이 원하는 대로 안 나오는 학생들이라면 말하기보다는 단어를 외우고 문법을 공부해서 시험 성적을 올리는 것에 주력해야 한다. 그런 다음에 여유가 생기거나 영어 공부에 큰 열정과 흥미를 가진 경우 말하기 공부를 시작하는 것을 추천한다.

말하기 공부를 할 때에는 우선 다음의 2가지를 생각해봐야 한다.

– 내가 영어 말하기를 공부하는 목적은 무엇인가?
– 내가 목표로 하는 말하기 수준은 어느 정도인가?

이 2가지를 제대로 고민해야 한다. 그러지 않고 말하기 공부를 시작하면 굉장히 고달프다.

말하기에도 여러 영역이 있다. 일상 회화, 토론, 전문 분야에 대한 말하기, TED방식의 강연 등 얼핏 생각해보아도 말하기에는 여러 가지 형태가 있다. 우리에게 이 모든 것이 필요한 것은 아니다.

생각해보면, 우리는 한국말로도 다양한 말하기 형태 중 일부만을 잘한다. 평소에 친구들과 수다를 잘 떠는 학생이 발표, 토론도 잘한다는 법은 없다. 발표나 토론을 잘하기 위해서는 별도의 훈련을 해야 한다. 아나운서처럼 말을 하고 싶다면 또 다른 훈련을 해야 한다. 한국말과 마찬가지로 영어도 뭘 말하고 싶은지 정해야 한다.

그래야 알맞은 방법을 찾아서 공부 계획을 세울 수 있다. 보통의 학습자들에게는 일상 회화가 영어 말하기의 목표가 될 것이다. 회사원들에게는 회사에서 업무를 하거나 미팅을 할 때 사용할 수 있는 비즈니스 영어가 목표가 될 것이다.

그리고 내가 목표로 하는 말하기 수준을 구체적으로 정해야 한다. 이를 정확하게 정하기 위해서는 우선 영어 말하기의 목표가 확실해야 한다. 예를 들어 대학교 입학 후에 어학연수를 목표로 영어 말하기 공부를 한다면, 일단 친구를 사귀고 생활하기 위한 일상 회화를 공부해야 한다. 이때 필요한 수준은 간단하게 자신의 생각과 의견을 주고받는 정도이다.

만약 기업에 취업을 하기 위해서 영어 말하기를 공부하는 것이라면 이때는 외국의 관계자들과 일상적인 대화를 나누고, 전문 분야에 대한 회의를 할 수 있는 수준의 말하기가 필요할 것이다. 아이디어를 프레젠테이션해야 하는 경우도 있을 것이다. 이때는 일하고자 하는 분야에서 사용하는 용어와 개념을 영어로 공부해야 하고, 프레젠테이션에서 자주 사용되는 표현도 공부를 해야 한다.

물론 원어민 수준으로 영어를 완벽하게 하면 어떤 목적에도 영어를 능숙하게 사용하겠지만, 그런 수준에 이를 수 있는 사람들은 소수이고, 대부분의 경우 우리는 목적에 맞는 공부를 하게 된다. 특히 학생이 영어 말하기를 공부한다면, 시험 외의 공부이기 때문에 명확한 목표가 없으면 공부가 지속되지 않는 경우가 많다. 언젠가는 도움이 될 것으로 생각하면서 맹목적으로 영어 회화 학원을 다닌다면, 배운 내용은 금방 잊게 될 것이다. 영어 말하기를 공부할 때는 꼭 목적과 수준을 설정하고 공부를 시작하자.

발음은 중요하지 않다?

EBS 다큐멘터리 〈언어 발달의 수수께끼〉에서 흥미로운 실험을 했다. 한 60대 남성이 영어로 연설을 하는 소리를 실험참가자들에게 들려주고 이에 대한 생각을 물었다.

이 남성의 영어 발음은 우리가 생각하는 소위 '원어민' 발음이 아니었다. 전형적인 콩글리쉬 발음이었다. 실험 참가자들은 이 남성의 영어 실력에 대해서 혹평을 한다. 뒤이어 이 60대 남성의 정체가 공개된다. 놀랍게도 이 남성은 당시 UN사무총장이었던 반기문 씨였다. 그의 연설 중 일부를 들은 한국인들은 '발음'만을 기준으로 삼아서 그의 영어 실력을 혹평한 것이다.

흥미로운 점은 같은 연설의 내용을 원어민들에게 들려주었을 때의 반응이다. 그들은 이 연설자에 대해서 90점 이상의 점수를 부여하며 그의 영어 실력을 높이 평가했다. 원어민들의 평가 기준은 의사소통, 내용의 전달이었던 것이다. 수준 높은 내용으로 구성된 연설문을 정확하게 전달한 반기문 전UN사무총장의 연설문은 원어민들에게 높은 평가를 받을 수밖에 없었다. 그 흥미로운 영상을 직접 한 번 봐도 좋을 것 같다.

한국인은 발음만을 영어 실력의 기준으로 삼는다. 그런데 그 발음이라는 것도 미국의 백인이 구사하는 영어와 발음과 억양이 비슷한 것에 높은 점수를 부여한다. 이는 완전히 우리 생각일 뿐이다.

EBS 다큐멘터리 〈언어 발달의 수수께끼〉 중 일부 바로가기

실제로 미국에 가보면 다양한 인종들이 함께 생활하는데, 그들은 모두 영어를 사용하지만 자신들의 인종적·민족적 배경이 반영된 영어를 구사한다. 대표적으로 흑인의 영어, 히스패닉의 영어가 있다. 그들의 영어는 우리가 학창 시절 듣기평가에서 듣던 영어와는 완전히 다르다. 미국 여행을 처음 갈 때 충격을 받는 지점이다.

우리가 미국인이나 영국인과 대화할 때 우리는 아시아인으로 인식된다. 아시아인들이 구사하는 영어에 대한 원어민들의 기대 수준이 있다. 우리는 그 수준으로 영어를 구사하면 되는 것이다. 원어민들은 우리를 아시아인으로 인식하고 그에 맞는 영어를 기대하는데, 우리만 유독 백인의 발음에 집착하고 있는 것이다.

의사소통을 할 수 있는 정도의 정확한 발음과 억양을 갖는 것은 중요하다. 하지만 더 중요한 것은 전달하고자 하는 내용이고, 의사소통이다. 발음에 대한 편견을 일찍 깰수록 자신 있게 영어로 말할 수 있고, 빠르게 실력이 향상된다.

중고등학생들에게 필요한 영어 말하기

냉정하게 말하면 중고등학교 학생들에게 영어 말하기는 시험에 거의 반영되지 않기 때문에 많은 시간을 투자할 필요가 없다. 더 정확하게 말하면, 영어 시험 성적이 확보되지 않은 상태에서 영어 말하기에 투자할 시간과 에너지가 없다. 다만 대학 진학 이후의 영어 말하기 능력이 영어 실력 평가의 잣대로 작용하기 때문에 미리 말하기 실력을 다져두는 것이 좋다.

대한민국의 중고등학생들에게 필요한 영어 말하기 수준은 다음 정도라고 생각한다.

중고등학생들에게 필요한 영어 말하기 수준

- 자신의 일상을 영어로 말하기 (기본)

- 한국 문화를 영어로 말하기 (기본)

- 청소년들에게 적합한 소재에 대한 찬반토론 (심화)

영어로 이 정도 말할 수 있으면 대학 이후 원어민 친구를 사귈 수도 있고, 해외여행에서도 웬만큼 회화를 할 수 있고, 취직을 한 후에는 해당 분야의 전문 용어를 추가로 익혀서 업무를 볼 수 있다고 본다. 믿을 수 없겠지만 사실 이 정도 말하기에 필요한 우리의 영어 실력은 이미 충분하다.

우리의 영어 실력은 생각보다 훨씬 높다

수능 영어에서 사용되는 문장들의 수준을 살펴보자.

A bird with its head in the air scanning for predators cannot at the same time have its head down searching for food. (2017년 고3 7월 28번)
한 마리의 새가 포식자를 살피면서 자신의 머리를 공중에 두는 동시에 먹이를 찾으며 자신의 머리를 아래로 둘 수는 없다.

Other people feel that this tradeoff is worth the benefits it will give to the community, or to the country as a whole. (2017년 고3 3월 21번)
다른 이들은 이러한 거래가 지역사회, 또는 국가 전체에 가져다줄 이익만큼 가치가 있다고 생각한다.

우리는 이런 수준의 문장들을 해석할 수 있다. 사실 영어로 이 정도 수준으로 말할 수 있다면, 우리는 싱가포르를 뛰어 넘어서 아시아에서 영어 말하기를 가장 잘하는 나라가 될 것이다.

하지만 사실상 읽기만을 측정하는 수능 시험의 영향으로 우리는 읽기 실력에 비해서 말하기 실력이 현저히 떨어진다. 주당 4~5시간씩 영어 수업을 하지만 개인이 영어로 말을 충분히 할 수 있는 기회가 없다. 고3에 다가갈수록 수능의 압박 때문에 영어 말하기는 점점 뒷전이 된다. 말하기를 잘하기 위해서는 말을 해야 한다. 말할 기회가 없기 때문에 우리는 영어 말하기를 못하는 것이다.

영어 말하기를 잘하고자 한다면, 자신의 영어 기본기를 믿고 말하는 연습을 꾸준히 하면 된다. 대신 생각보다 꽤 오랜 시간동안 꾸준히 연습을 해야 한다. 미 국방 언어연수원의 자료에 따르면, 미국인이 한국어로 업무를 볼 수 있는 수준인 3급에 이르는데 2400~2769시간이 걸린다고 한다.

이를 거꾸로 계산하면, 우리 또한 영어를 자연스럽게 사용하기 위해서는 최소 2600시간이 걸리는 것이다. 하루도 빠짐없이 2시간씩 영어를 공부해도 3년의 시간이 걸린다. 모든 공부에는 시간과 노력이 필요하다는 것을 명심하자.

한국 문화를 영어로 말하고 싶다면?

한국 문화를 영어로 말하는 연습이 중요하다. 우리가 영어로 말하게 되는 상황을 떠올려보면, 한국에서 원어민을 만나서 우리 문화를 소개할 경우가 가장 많다. 우리가 해외로 나간다고 해도 결국 우리는 한국 사람이기 때문에 우리 문화를 외국인에게 소개하게 된다. 우리를 둘러싼 것들을 영어로 표현할 수 있어야 한다.

교과서를 보면 우리 문화를 영어로 표현하기 위한 것들을 충분히 배우지 않는다. 가령 대한민국 사람이라면 누구나 좋아할만한 '삼겹살'이 영어로 뭘까? 영어 교과서 어디를 찾아봐도 삼겹살은 영어로 등장하지 않는다. 이런 상황에서 외국인 친구와 삼겹살을 먹으러 가서 친구가 이게 뭔지 물어본다면?

"Hey, what is this?"

"......"

답을 할 수 없다. 삼겹살은 외국에는 없는 개념이다. 우리나라의 독특한 고기 부위다. 그래서 영어로 특정한 명사가 있기보다는 삼겹살이 돼지의 배 쪽 살인 것을 이용해서 몇 가지로 표현할 수 있다.

삼겹살

= pork belly (돼지 뱃살)

= three-layered pork (3겹으로 된 돼지고기)

이게 끝이 아니다. 외국인 친구가 삼겹살이 뭔지 모른다면 삼겹살을 먹는 방법도 모를 것이다. 삼겹살은 쌈장에 찍어서 깻잎이나 상추에 싸서 먹는다. 이걸 설명해줘야 한다. 영어로는 다음과 같다.

"First dip it into the fermented soybean paste and wrap it with sesame leaf. (깻잎도 외국인들은 모른다.) Sesame leaf has a distinct flavor. Koreans usually wrap meat with this leaf."

이런 식으로 설명을 전개해야 한다. 교과서에서는 배울 수 없는 내용인데, 외국인을 만나면 흔히 접하게 되는 상황이다. 요즘은 유튜브를 이용해서 이런 말하기를 손쉽게 연습할 수 있다. 유튜브에서 〈영국남자〉 채널로 영어 말하기를 공부해보자.

유튜브 〈영국남자〉 채널

출처: 유튜브

한국인과 결혼한 영국 남자가 한국의 문화를 세계에 알리기 위해서 운영하고 있는 이 채널은 현재 엄청난 구독자를 확보하고 있고, 이후 생긴 다른 채널들과 비교해도 장점이 명확하다.

유튜브 〈영국남자〉 채널의 장점

- 한국 문화를 사랑하는 진정성이 느껴진다.

- 한국의 다양한 문화를 영어로 말하는 법을 배울 수 있다.

- 자막을 제작해서 제공하기 때문에 바로바로 모르는 표현을 확인할 수 있다.

- 무엇보다 재미가 있다.

- 재미있지만 내용이 지나치게 자극적이거나 선정적이지 않다.

- 대사를 상당히 많이 다듬어서 영어적으로 깔끔한 표현을 배울 수 있다.

얼핏 보면 재미를 위한 채널 같지만, 영어 교육 용도로 활용해도 손색이 없을 정도로 사용되는 단어와 표현이 교육적이고 정돈되어 있다. 먹거리를 주요 소재로 다루기 때문에 재미가 있는 것은 당연하고, 꾸준히 업로드되고 있는 만큼 최신 영상을 즐겁게 즐기면서 따라 말하다 보면 영어 말하기 실력이 자연스럽게 향상된다.

혼잣말이 진짜 말하기다

영어 말하기에 자신이 없는 학생도 이 정도는 말할 수 있다.

"How are you?"

"I am fine. Thank you."

하지만 그 이후가 문제다. 우리는 말하기를 주고받는 대화라고 생각하는데, 사실 이렇게 한 마디씩 주고받는 것으로는 대화가 이루어지지 않는다. 이 상황을 한국말로 바꾸어 생각해보자. 친구들과 대화할 때 우리는 보통 어떤 대화를 하는가?

"야, 너 방탄소년단 좋아해?"

"어, 완전 좋아하지. 나 아미잖아. 근데 요즘에 방탄 오빠들이 어쩌구저쩌구…… 이러쿵저러쿵……."

우리가 한국말로 나누는 대화를 잘 생각해보면 한 사람이 자신의 생각을 오랫동안 이야기하고, 한 사람은 듣기만 하는 경우가 많다. 한 문장씩을 주고받는 것이 아니라 꽤 긴 내용을 혼자서 이야기하는 과정을 주고받는다. 그래야 대화가 끊어지지 않고 이어진다.

영어 말하기를 잘하고 싶다면, 원어민과의 대화가 끊어지지 않으려면, 혼잣말을 잘해야 한다. 하나의 주제에 대해 혼자서 30초~1분 정도는 쉬지 않고 말할 수 있어야 자연스럽게 대화를 이어나갈 수 있다. 우리 주변의 일상에 대해서 혼잣말을 연습할 수 있는 아주 좋은 교재와 강의가 있어서 소개한다.

혼잣말을 연습하기 좋은 교재와 강의

EBS라디오의 〈입이 트이는 영어〉는 굉장히 오랜 역사를 가진 프로그램이고, 실제로 많은 회화스터디를 하는 분들이 입트영을 교재로 활용하고 있다. 〈입이 트이는 영어〉는 한국적인 소재, 일상의 소재에 대해서 혼잣말을 연습할 수 있는 최적의 교재다. 내용을 살짝 살펴보자.

(Topic) Talk about the various types of bracelets people use.

사람들이 착용하는 다양한 팔찌에 대해 이야기해주세요.

When I am out and about, it's much more common to see people wearing bracelets than before. Countless bracelets are on display at accessory shops. It's not just metal bracelets with decorative gems. Some are crafted from leather or plastic. Others are made by stringing together beads on a rubber band. There are also stores that sell everything you need to make your own personalized bracelets. People often engrave their initials on bracelets, too. Some people create styles by mixing and matching several bracelets at once. They color-coordinate with their clothes or other accessories, too. As a result, some people have piles of bracelets, not just one. Bracelets also make great gifts. Often, friends get friendship bracelets and couples get matching bracelets.

(해석)

길거리를 걷다 보면, 예전에 비해 팔찌를 하고 있는 사람들을 훨씬 더 쉽게 볼 수 있다. 액세서리점에 가면 수많은 팔찌들이 진열되어 있다. 금속 소재로 된 장식용 보석을 단 팔찌만 있는 것은 아니다. 가죽 소재나 플라스틱 소재 등으로 된 팔찌도 있고, 고무줄에 비즈를 끼워서 만든 팔찌들도 있다. 자신만의 특화된 팔찌를 만들 수 있게 필요한 모든 재료를 파는 상점들도 있다. 팔찌에 이니셜을 넣는 사람들도 많다. 팔찌 여러 개를 같이 해서 패션을 연출하는 사람들도 있다. 입고 있는 옷이나 다른 액세서리와 색상을 맞추기도 한다. 이렇다 보니 팔찌를 아주 많이 가지고 있는 사람들도 있다. 팔찌는 선물용으로도 매우 좋다. 친구끼리 우정 팔찌를 하거나 연인끼리 커플 팔찌를 맞추는 경우도 많다.

(출처: 〈입트영〉 2018년 8월 31일 방송분)

친구와 팔찌에 대해서 이야기한다면 위와 같은 다양한 이야기를 할 것이다. 〈입트영〉을 통해서 공부를 하면 해당 소재와 관련된 단어들, 회화에 자주 이용되는 표현들을 자연스럽게 익힐 수 있다. 분량이 길지 않아서 이 정도 내용을 암기하는 방식으로 공부를 하면 회화 실력을 크게 향상시킬 수 있다.

〈입트영〉에서는 한국식 나이 계산법, 한국의 회식 문화, 다이어트에 실패하게 되는 이유 등 다양하고 흥미로우면서도 한국적인 주제들을 다룬다. 이런 주제들에 대해 자신이 적어도 1분 이상 이야기를 혼자 할 수 있다면, 원어민들과도 자연스럽게 끊김 없이 대화할 수 있을 것이다.

명심하자. 가장 한국적인 것에 대해 혼자서 말할 수 있는 것이 그 무엇보다 중요하다.

혼잣말의 끝판왕 TED에 도전하자

TED^{Technology, Entertainment, Design}는 미국의 비영리 재단에서 운영하는 강연회이다. 이미 너무 많은 이들이 TED에 대해 알고 있고, 강연 재생도 많이 하고 있다.

TED에서는 기술, 오락, 디자인을 비롯해서 요즘은 세상의 거의 모든 주제에 대해 한 사람이 무대에서 15분 내외로 강연한다. 혼자서 하나의 주제에 대해 15분 정도 말하는 TED는 '혼잣말의 끝판왕'이라고 할 수 있다.

TED를 이용한 영어 공부는 기본적으로 난이도가 높다. TED를 제대로 공부하기 위한 팁을 공개한다.

TED를 이용해서 공부하는 팁

- 유튜브에서 TED채널에 접속한다.
- TED강연 동영상을 인기 순으로 정렬한다.
- 인기 동영상 중에서 제목이 흥미로운 것을 선택한다.
- 반드시 자신이 재미를 느낄 만한 내용의 TED영상을 시청한다.
- 자막 없이 1회 시청한다.
- 한국어 자막을 켜서 1회 더 시청하면서 내용을 파악한다.
- 자막 없이 반복해서 시청한다.
- 좋은 단어와 표현은 따로 정리한다.

아래는 TED에서 인기가 많았던 동영상들이다.

출처: 유튜브

제목만 봐도 클릭하고 싶은 욕구가 생긴다. 몇 가지 제목들을 살펴보면, 다음과 같다.

This is what happens when you reply to spam email

이것이 당신이 스팸 메일에 답할 때 일어나는 일입니다.

How I held my breath for 17 minutes

내가 17분 동안 숨을 참은 방법

How to spot a liar

거짓말쟁이를 찾아내는 방법

How to speak so that people want to listen

사람들이 듣고 싶도록 말하는 방법

TED를 이용한 공부는 초보일 때 도전하지 말고, 중수 이상이 되었을 때 하기 바란다. 너무 어려운 내용을 공부하면 영어에 대한 흥미가 떨어질 수 있다. 그리고 공부를 할 때에도 철저하게 자신의 흥미를 끄는 강연 위주로 학습하기 바란다.

1등급의 영어 쓰기
공부법은 이것이다

영어 쓰기는 너무나도 중요하므로 학창 시절부터 쓰기의 기초를 마련하는 것이 중요하다. 쓰기를 할 때 가장 일반적으로 사용되는 방법은 영어 일기 쓰기다.

부담스러운 쓰기 공부

말하기와 더불어 학생들이 가장 부담스러워 하는 것이 쓰기다. 사실 말하기와 쓰기는 닮아 있다. 전문적인 쓰기가 아니라면, 말하는 내용을 쓰는 것이 쓰기이고, 쓸 내용을 말하면 말하기가 되는 것이다. 쓰기는 현재 학교에서 확대되고 있는 서술형 평가에 중요하고, 수행 평가에서도 중요한 영역을 차지한다.

무엇보다 대학 졸업 후에 영어를 활용해서 일을 하게 된다면 가장 필요한 능력이 읽기와 더불어서 쓰기이다. 왜냐하면 영어를 사용한다는 것은 외국의 파트너와 일을 한다는 것인데, 주로 이메일로 의사소통을 하게 되기 때문이다. 그렇다면 외국에서 온 문서나 메일을 이해하고 여기에 대한 답을 쓰는 것이 주업무가 된다. 현장에서 외국인과 업무를 하는 직장인들은 오히려 말하기보다 쓰기가 더 중요하다고 말한다.

쓰기가 이렇게 중요하기 때문에 학창 시절부터 기초를 마련하는 것이 중요하다. 쓰기를 할 때 가장 일반적으로 사용되는 방법은 영어 일기 쓰기다.

영어 일기 쓰기를 이용한 쓰기 공부

영어 쓰기를 공부할 때 가장 먼저 떠올리는 것이 영어 일기일 것이다. 영어 일기에 주로 사용되는 표현, 단어를 정리한 교재가 다수 출간되어 있다. 이 교재들을 참고로 자신의 경험을 더해서 일기를 작성하면 영어 쓰기 실력이 크게 향상된다.

영어일기 표현사전: 내가 쓰고 싶은 말이 다 있는
하명옥 저, 넥서스

영어 일기 분야에서 꾸준히 책을 집필하고 있는 교사 하명옥씨의 책. 오랜 시간 이 분야를 연구한 만큼 학생 수준에서 영어 일기를 작성하기 위한 거의 모든 표현과 요령들이 담겨 있다.

10대를 위한 영어 3줄 일기

정승익, 메이트북스

하루에 3줄씩 질문에 답을 하면서 일기를 써나가는 책. 청소년들을 위한 총 100개의 질문에 답하면서 영어 실력을 쌓고 자신을 돌아볼 수 있음. 샘플 답안이 있기 때문에 부담 없이 영어 쓰기에 도전할 수 있음.

쓰기 공부의 문제점과 해결책

쓰기 공부를 할 때 가장 큰 문제점은 내가 쓴 내용을 검토해줄 사람이 없다는 것이다. 맞는지 틀리는지도 모른 채 계속해서 쓰기만 하는 것은 효과가 없다.

이 문제를 해결할 수 있는 방법을 소개한다. 이 방법은 독해 문제집한 권을 사면 간단히 해결할 수 있다.

혼자서 쓰기를 공부할 수 있는 방법

– 자신의 수준보다 1~2단계 더 쉬운 독해 문제집을 구매한다.

– 독해 문제집의 해설지에 나오는 한글 해석을 영어로 번역한다.

– 자신이 번역한 내용을 문제집 문제를 보면서 비교해본다.

이 방법으로 혼자서 쓰기를 훈련하면, 자신이 작문한 영어의 모범답안이 있기 때문에 피드백에 대한 걱정을 덜 수 있고, 꾸준히 연습하면 점점 더 간결하면서도 정확한 문장을 구사할 수 있게 된다. 예를 들어 정답지를 보면 문제에 대한 한글 해석이 다음과 같이 수록되어 있다.

(한글 해석)

친구들과 이야기하는 것은 함께 저녁 식사를 하는 것의 가장 좋은 부분들 중 하나이다. 그러나 요즘에는, 많은 사람들이 그들의 친구들보다 그들의 전화기에 더 주의를 기울인다. 그들은 끊임없이 전화를 받고 메시지를 확인하고 있다. 그것이 '전화 쌓기 게임'이 창안된 이유이다. 식사의 시작에, 모두 자신의 전화기를 식탁 가운데에 쌓는다. 저녁 내내, 쌓아 둔 더미의 전화기들에 벨이 울리고 진동할 것이다. 그러나 모든 사람들은 그것들을 무시해야 한다. 만약 누군가가 자신의 전화를 받으면, 그 사람은 전체 저녁 식사 값을 지불해야 한다. 물론, 게임의 요점은 저녁 시간을 더 즐겁게 만드는 것이다. 친구들과 대화를 하는 것이 전화기 화면을 응시하는 것보다 더 재미있다, 그렇지 않은가?

이 문장들을 하나씩 영어로 영작한다.

친구들과 이야기하는 것은 함께 저녁 식사를 하는 것의 가장 좋은 부분들 중 하나이다.

→ Talking with friends is one of the best parts of having dinner together.

그렇게 완성된 영작을 원래 문제집 문제의 영어 지문과 비교할 수 있다.

Talking with friends is one of the best parts of having dinner together. But these days, many people pay more attention to their phones than to their friends. They are constantly answering calls and checking messages. At the start of the meal, everyone stacks their phones in the center of the table. Throughout the evening, the phones in the stack will ring and vibrate. But everyone must ignore them. If someone picks up his or her phone, that person has to pay for the whole dinner. Of course, the point of the game is to make the evening more enjoyable. Having a conversation with friends is more fun than staring at a phone screen, isn't it?

부분적으로는 다르게 표현할 수 있지만, 모범 답안이 있기 때문에 보다 더 안정적으로 쓰기 연습을 할 수 있다. 시중에 다양한 주제를 담은 수준별 독해 문제집이 다수 있는데, 다음의 교재들을 대표적으로 추천한다.

주니어 리딩튜터 JUNIOR READING TUTOR 시리즈
편집부, NE능률

초중등학생이 활용하기 좋은 책. 다양한 주제에 대해 흥미로운 글들을 담고 있어서 영어 쓰기 연습을 하기에 적합함. 수준이 다양하기 때문에 자신의 수준에 맞게 선택해서 쓰기 연습을 할 수 있음. 반드시 자신의 읽기 수준보다 한두 단계 낮은 수준의 책을 선택해서 쓰기 공부를 할 것.

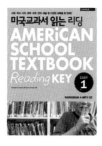

미국교과서 읽는 리딩 시리즈
Michael A. Putlack,e-Creative Content 공저, 키출판사

키출판사에서 출간한 읽기 교재의 베스트셀러. 미국에서 널리 읽히는 4종의 교과서를 분석해 사회, 과학, 수학, 역사, 지리, 언어, 예술 분야에 대한 내용을 담고 있음. 다양한 분야의 어휘와 내용을 접할 수 있는 장점이 있음. 단계가 있으므로 자신의 수준보다 낮은 책을 선정해서 쓰기 연습을 할 것.

학교에서 치르는 영어 내신 시험의 중요성은 아무리 강조해도 지나침이 없다. 현재 중학교에서의 영어 내신 성적은 특목고와 자사고 입시에 활용된다. 최고 등급인 A를 벗어나지 않는 것이 중요하다. 고등학교에서의 영어 내신은 대학 합격을 위한 결정적 자료로 활용된다. 현재 대입의 70% 정도를 차지하고 있는 '학생부종합전형'이라는 제도는 내신 성적이 뒷받침되지 않으면 원하는 대학에 입학하기 어렵다. 내신 성적은 그 학생의 잠재력과 성실성을 보여주는 지표이기 때문에 그 의미가 매우 크다. 내신 성적이 평균 이하인 학생이 아무리 자신이 성실하다고 주장해도 그 말에 힘이 실리지 않는 것이다. 현실적으로 대한민국에서 태어난 중학생과과 고등학생에게 가장 중요한 내신 성적을 관리하기 위한 방법을 이번 장에서 알아보자.

영어 내신 공부는
이렇게 하자

5

중학교 영어 내신
공부는 이렇게 하자

중학교 시험의 특징은 일부 부교재를 사용하는 학교를 제외하고는 범위가 정해진 시험이라는 것이다. 제한된 범위에 대한 집중적인 학습이 필요하다. 중학교 내신의 특징을 정리해보자.

중학교 내신의 특징

중학교 내신의 특징은 다음과 같다.

중학교 내신의 특징

– 시험 범위는 교과서 2~3단원 정도다.

– 교과서 본문 내용을 이용한 문제가 출제된다.

– 교과서 문법 포인트를 이용한 문법 문제가 출제된다.

– (주로 문법 포인트를 이용해서) 문장을 쓰는 서술형 문제가 출제된다.

– 일부 학교의 경우 긴 영작을 요구하는 서술형 문제가 출제된다.

절대평가 체제에서는 전체적으로 평이한 수준으로 문제가 출제되지만, 상위권을 변별하기 위해서 일부 문제는 난이도가 높게 출제된다. 그런 문항들을 '킬러 문항'이라고 부른다. 중학교 내신에서 킬러 문항은 다음 2가지일 것이다.

중학교 내신의 킬러 문항
– 문법 문제

– 서술형 문제

본문의 문법 포인트를 이용한 문법 문제가 출제될 수 있다. 예를 들어서 '분사'라는 문법을 배웠다면 이를 이용한 문법 문제가 출제될 수 있는데, 하나의 문법에도 수십 가지 세부적인 문법들이 있다. 예를 들어 분사의 경우 다음과 같은 문법 포인트를 바탕으로 문제가 출제된다.

분사에서 나올 수 있는 문법 문제 포인트
– 현재분사와 과거분사의 비교

– 현재분사와 동명사의 비교

– 명사를 수식하는 분사와 보어로 쓰이는 분사의 비교

– 현재분사에 –ing꼴 붙일 때의 주의점

– 과거분사 p.p.꼴을 이용한 문제

이외에도 많은 문법 포인트들이 있다. 이 중에서 시험에는 선생님이 수업에서 다룬 내용이 출제될 가능성이 높다. 그래서 평소에 토시 하나 놓치지 않고 수업에 집중해야 한다.

서술형은 학교별로 출제되는 경향이 다르다. 기출 문제를 미리 구해서 서술형 유형을 살피고, 그에 맞추어 본문의 주요 문장을 서술형에 대비해서 쓰기 연습을 해야 한다. 중학교 시험에서 자주 출제되는 서술형 유형은 다음과 같다.

서술형 종류	문제 유형
빈칸 채우기	– 각 문장에 들어갈 알맞은 단어를 보기에서 찾아 쓰시오. – 빈칸에 공통으로 들어갈 단어를 주어진 철자로 시작하여 쓰시오. – 다음 글을 읽고 문맥에 맞게 빈칸을 완성하시오.
영작하기	– to부정사의 의미상의 주어를 사용하여 영작하시오. – 우리말 조건에 맞게 영작하시오. – 보기에 주어진 단어를 사용해서 영작하시오. – 보기의 단어를 모두 이용해서 문장을 완성하시오.
어법	– 다음 중 어법상 옳지 않은 부분을 세 군데 찾아 바르게 고쳐 쓰시오. – 어법상 틀린 부분이 있는 한 문장을 찾아, 틀린 부분을 바르게 고쳐 쓰시오.
우리말로 쓰기	– 지문을 읽고 질문에 답하기 – 지문의 주장 우리말로 쓰기 – 밑줄 친 문장 우리말로 해석하기

무엇보다 서술형은 학교별, 선생님별로 출제하는 경향이 다르므로, 선생님의 출제 성향을 파악해야 하고, 수업 시간에 주는 서술형에 대

한 힌트를 모두 잡아야 한다. 이를 바탕으로 중학교 내신 대비법을 정리해보자.

중학교 내신 대비법

− 수업 시간에 선생님이 알려주는 내용을 철저하게 필기한다.

− 필기한 내용을 철저하게 복습한다.

− 본문 단어는 영영 풀이까지 공부한다.

− 분문 해석은 기본 중의 기본이다.

− 본문의 문법 포인트 2~3개를 완벽하게 익힌다.

− 본문의 문법 포인트 관련 문법 문제를 문제집을 이용해서 푼다.

− 본문의 문장들 중에서 본문의 문법 포인트가 활용된 문장은 반드시 따로 노트
　에 정리해서 쓰면서 외운다.

− 시험 범위의 문장들은 외우다시피 공부하면 안정적으로 A등급을 받을 수 있다.

고등학교 영어 내신
공부는 이렇게 하자

> 고등학교 내신 시험은 단기간의 벼락치기가 통하지 않는 시험이라는 점을 명심하고, 늦어도 고1 때는 영어의 기초인 단어, 문법, 독해를 마스터할 수 있도록 노력해야 한다.

고등학교 내신의 특징

중학교에서는 제한된 범위의 본문을 집중적으로 공부하고, 추가로 문법, 서술형에 대한 대비를 하면 A등급을 받을 수 있다. 고등학교 내신 대비법은 중학교 때와는 다르다. 결정적으로 고등학교 내신은 중학교와는 비교가 되지 않을 정도로 범위가 많다. 게다가 고등학교는 절대평가의 탈을 쓴 상대평가로 내신이 평가된다. 상대평가인 9등급 제도에서 1등급은 전체의 4%이다. 100명이 시험을 보면 4명만이 1등급을 받아야 한다.

그런데 100명 중 10명이 100점을 받으면 어떻게 될까? 많은 학생들이 모르고 있는 사실인데, 이 경우에는 1등급이 없다. 시험을 봤는

데 1등급이 없고, 최고 등급이 2등급이 되는 것이다. 그래서 시험이 쉬우면 학생들에게 결국 불이익이 돌아간다. 고등학교 시험은 어려워야만 하는 것이다.

시험을 어렵게 내는 방법은 범위를 넓게 하고, 시험 문제를 어렵게 내면 된다. 그러다 보니 고등학교 내신은 중학교보다 훨씬 점수를 받기 어렵다.

고등학교 내신을 잘 얻으려면?

- 고등학교 내신 시험은 범위가 넓다. '교과서+부교재'에서 시험이 출제된다.
- 고등학교의 시험 문제 유형은 수능 영어와 거의 동일하다.
- 서술형 평가 비율은 100점 만점에 30점 정도다.
- 고등학교에서는 수행평가를 실시하지만 중심이 되는 것은 지필평가이다.

고등학교 시험은 변별이 중요하다. 위에서 언급한 것처럼 4%만이 1등급을 받아야 하기 때문에 100명 중 100점이 4명 이상 나오면 안 된다. 그래서 수행평가보다는 변별에 유리한 지필평가가 시험의 중심이 된다.

이 시험 또한 변별을 위해서 킬러 문항들이 다수 존재한다. 내신만을 위한 문제가 존재하기보다는 수능 영어 유형과 거의 동일하게 문제가 출제되기 때문에 평소에 수능 영어 연습을 많이 하는 것이 좋다. 고등학교 내신 시험은 범위가 워낙 넓기 때문에 벼락치기로 내용을 외워서 점수를 받기는 쉽지 않다.

시험 문제 유형 또한 암기해서 풀 수 있는 것들이 아니다. 평소에 영어 실력을 꾸준히 향상시켜야 내신에서도 좋은 점수를 받을 수 있다. 고등학교 내신만의 특징을 추가로 알아본다.

고등학교 내신 대비법

- 시험 범위 지문들에 나오는 단어를 완벽하게 외운다.
- 중학교 때처럼 단어만을 이용한 반의어, 유의어, 영영 풀이 문제는 출제되지 않을 가능성이 높기 때문에 단어는 해석을 위해 의미를 알고 있으면 된다.
- 시험 범위 지문들에 대한 완벽한 해석은 기본 중의 기본이다.
- 지문에 대한 해석이 끝났으면, 지문을 여러 각도로 분석한다.

지문을 여러 각도로 분석하는 방법은 다음과 같다.

- 문법 출제 포인트 표시 및 정리 → 문법 문제 대비
- 맥락상 중요한 어휘 표시 및 정리 → 어휘 문제 대비
- 연결어(but, for example…) 모두 표시 및 정리 → 연결어 문제 대비
- 지문의 주제 정리 및 주제가 드러난 부분 표시 → 주제 문제 대비
- 글의 주된 내용이 담긴 부분의 핵심 어구 표시 → 빈칸 문제 대비
- 흐름이 느껴지는 글의 경우, 글의 흐름 정리 → 글의 흐름 문제 대비
- 글의 중심 내용이 담긴 문장은 따로 노트에 정리해서 서술형 대비 → 서술형 대비

고등학교에서는 지문을 '분석'한다는 용어를 사용한다. 지문을 해석만 하고 넘어가서는 안 된다. 단순히 외우고 넘어가서도 곤란하다. 수능 영어의 주요 유형인 주제 찾기, 제목 찾기, 빈칸 추론, 어법, 어휘, 글의 순서, 문장 삽입 등의 유형에 대비해서 지문을 분석해야 한다. 그래서 하나의 지문을 4~5번 보면서 다각도로 분석하는 작업이 필요하다.

혼자서 이 작업을 하기가 힘들다면 EBSi에서 시험 범위를 다루는 강의를 참고해도 도움이 된다. 올림포스, 수능특강으로 대표되는 EBS 교재는 많은 학교에서 부교재로 사용하기 때문에 시험 범위에 포함되는 경우가 많다. 이렇게 내신에서 활용되는 EBS의 교재들은 EBSi 사이트에 강의가 탑재되어 있고, 시험을 대비한 자료도 자료실에 있기 때문에 적극 활용해야 한다.

무엇보다 고등학교 내신 시험은 단기간의 벼락치기가 통하지 않는 시험이라는 점을 명심해야 한다. 빠르면 중학교 때부터, 늦어도 고1 때는 영어의 기초인 단어, 문법, 독해를 마스터할 수 있도록 노력해야 한다.

고등학교 서술형 대비법

고등학교 내신에서는 수능 스타일의 서술형이 출제될 수 있다. 수능의 독해 유형을 주관식으로 바꾼 서술형 문제들이 출제될 수 있는

데, 평소에 독해 유형별로 푸는 전략을 잘 알고 있어야 해당 문제들을 해결할 수 있다. 그중에서도 주제, 제목을 쓰는 문제, 빈칸 완성하기는 굉장히 자주 출제된다. 시험을 대비할 때 지문의 주제, 지문의 중심 내용을 담고 있는 문장은 반드시 따로 정리해서 공부해야 한다.

서술형 종류	문제 유형
수능 스타일	– 글의 제목 쓰기 – 주장/주제문 완성하기 – 빈칸 완성하기 – 적절한 어휘 고르기 – 글의 순서 찾기 – 요약문 완성하기 – 지칭하는 내용 쓰기 – 문장의 위치 찾기

수능, 이렇게
준비하면 틀림없다

> 수능 영어의 빈칸 문제는 60만 명이 그 빈칸에 들어갈 정답에 대해 인정해야 한다. 그러기 위해서는 지문 속에 확실한 근거가 있어야 한다. 근거는 지문 속에서 찾는 것이다.

수능 영어 시험에 대한 이해가 먼저다

수능 시험은 유치원에서부터 시작된 학교생활의 마지막 종착역이다. 고등학교 이후 과정에서는 수능이 모든 것의 기준이 된다. 특히 영어 과목의 경우, 수능 영어 문제 유형이 내신에 그대로 반영된다.

수능은 대한민국에서 태어난 이상 여러분에게 가장 중요한 시험이다. 대입 제도가 매년 바뀌고 있기 때문에 수능 시험이 갖는 의미도 매년 조금씩 바뀐다. 현 시점을 기준으로 수능 시험이 갖는 의미를 살펴보자.

수능 시험의 의미

– 정시로 지원해서 대학을 갈 때 사용된다.

– 수시로 대학을 갈 때 상위권 대학들은 수능최저성적을 요구한다.

– 고등학교 내신은 수능 유형과 거의 유사하기 때문에 수능 대비는 내신 성적

  향상에 도움이 된다.

정시로 대학을 가는 경우는 말할 것도 없고, 자신의 특기를 살려서 학생부종합전형으로 대학을 가고 싶은 학생에게도 수능은 중요하다. 서울의 상위권 대학을 지원한다면, 수능최저기준을 반드시 충족해야 한다. 내신에서 높은 등급을 획득하기 위해서는 수능 영어 시험을 먼저 정복해야 한다. 내신 시험은 수능 영어 유형을 그대로 따르기 때문이다.

수능 영어 시험은 매년 어려워지고 있다. 영어가 아니라 한국말로 봐도 이해가 어려운 수준까지 이르고 있다. 그 수준을 같이 살펴보자. 2018년 11월에 실시된 2019학년도 수능 영어 40번 문제의 한글 해석이다.

시장 시스템이 있거나 없는 두 가지 인간 사회를 다 포함한 생물학적 유기체들은 불확실한 미래와 관련된 위험에 기초하여 현재 이용할 수 있는 생산물보다 (시간상으로) 멀리 있는 것들을 평가 절하한다. 투입과 생산의 시기가 에너지 유형에 따라 크게 다르기 때문에, 대체 에너지를 평가할 때 시간을 통합하려는 강력한 사례가 있다. 예를 들어 대

부분의 투자가 생산하기 전에 발생하는 태양 전지판이나 풍력 엔진으로부터의 에너지 생산은 대부분의 화석 연료 추출 기술과 비교했을 때 다르게 평가될 필요가 있을 수 있는데, 화석 연료 추출 기술에서는 많은 비율의 에너지 생산이 훨씬 더 빨리 가능하고, 더 큰 (상대적) 비율의 투입이 추출 과정 동안에 적용되고 선행 투자되지는 않는다. 따라서 화석 연료, 특히 석유와 천연가스는 많은 재생 가능 기술보다 에너지 품질 이점(비용, 저장성, 운송 가능성 등)이 있을 뿐만 아니라 현재의 소비/수익에 대한 인간의 행동 선호를 설명하는 것에 비추어 보면 '시간적 이점'도 또한 갖는다.

웬만한 전공 서적 수준의 내용이다. 실제로 이런 지문들은 모두 외국의 전공 서적에서 일부를 그대로 가지고 오거나, 약간의 변형을 가한 것이다. 이 문제는 『The End of Growth: Adapting to Our New Economic Reality^{Richard Heinberg}』라는 책에서 일부 발췌해서 문제로 만든 것이다.

수능에 제대로 도전을 하기 위해서는 영어뿐만 아니라 한국말로 이 정도의 내용을 읽고 이해할 수 있는 능력을 길러야 한다. 점점 수능이 어려워지면서 배경 지식이 있을 경우 문제의 정답을 찾는 데 도움이 되고 있다.

어떤 분야의 지식이 필요한지 궁금하다면, 2019년 수능 문제들의 출처를 보면서 출제되는 분야를 정리해보자.

2019 수능 주요 문항들의 출처

문항	출처	분야
20	The Ethics of War: Shared Problems in Different Traditions (Dr. David Rodin, Professor Richard Sorabji)	인문, 사회
21	Ignorance: How It Drives Science (Stuart Firestein)	과학
22	Foundations of Library and Information Science, Fourth Edition (Richard E. Rubin, forward by Joseph Janes)	과학
23	An Introduction to Climate Change Economics and Policy (Felix R. FitzRoy, Elissaios Papyrakis)	기후
24	The Irrational Economist: Making Decisions in a Dangerous World (Erwann Michel-Kerjan, Paul Slovic)	경제
29	Art and human consciousness (Gottfried Richter)	예술, 문화
30	A Splendid Exchange: How Trade Shaped the World (William L. Bernstein)	경제
31	Cyberemotions: Collective Emotions in Cyberspace (Janusz A. Holyst)	인문, 사회
32	Psychology AS The Complete Companion (Mike Cardwell, Cara Flanagan)	심리
33	Senses of Place: Senses of Time (G.J. Ashworth)	인문, 사회
35	Film, Form, and Culture: Fourth Edition (Robert Kolker)	예술, 문화
36	Learn Psychology (Carter, Colleen M. Seifert)	심리
37	Cognition: Exploring the Science of the Mind (Daniel Reisberg)	심리
38	The Infinite Resource: The Power of Ideas on a Finite Planet (Ramez Naam)	인문, 사회
39	Why Geography Matters: More Than Ever (Harm de Blij)	인문, 사회

40	The End of Growth: Adapting to Our New Economic Reality	경제
41	Capitalism: A Very Short Introduction (James Fulcher)	경제

인문, 사회, 심리, 경제, 과학에 이르기까지 다양한 분야의 글들이 출제에 활용되고 있음을 확인할 수 있다. 국어의 독서 시험에서 다루는 분야와 거의 동일하다.

실로 국어를 잘해야 영어도 잘할 수 있는 시대가 왔다. 중학교에서부터 다양한 분야의 책을 읽자. 고등학교 입학 이후에도 꾸준히 다양한 전공 분야에 관심을 갖고 독서를 하자. 특히 수능 영어에서 1등급을 받고자 한다면, 절대평가 체제에서는 3문제 이하로 틀려야 한다.

고난도 지문도 반드시 정답을 찾아야 한다. 꾸준히 다양한 분야의 글들을 읽으면서 핵심을 정리하는 연습을 하고 배경 지식을 쌓으면 분명히 수능 영어 1등급에 도움이 될 것이다.

수능 영어 시험을 위한 능력 2가지

듣기 17문제, 독해 28문제, 총 45문제로 구성된 수능 영어 시험을 준비하기 위해서는 2가지 능력이 필요하다.

– 영어 지문을 해석할 수 있는 영어 실력 (단어, 문법, 문장 해석 능력)
– 문제 유형별로 푸는 전략

일단 영어 지문을 해석할 수 있는 영어 실력이 없으면 절대로 수능 영어에서 고득점을 받을 수 없다. 3, 4등급에서 영어 성적이 더 이상 올라가지 않아서 고민하는 학생들이 다수 있다. 영어 공부를 전혀 하지 않다가 영어 단어를 외우고 문법을 공부하면 4등급까지는, 더 열심히 하면 3등급까지는 성적이 올라간다.

하지만 1, 2등급을 달성하기가 정말 어려운데 그 이유는 최고 등급을 위해서는 단어와 문법, 문장 해석 능력이 정말 뛰어나야 하기 때문이다. 1등급은 90점 이상을 받아야 하기 때문에 3점짜리 문제를 3개 이내로 틀려야 한다. 45문제 중에서 42문제 이상을 맞춰야 한다는 의미이다. 이를 위해서는 영어 지문을 해석할 수 있는 능력이 거의 완성되어 있어야 한다.

수능 영어에서 학생들이 가장 많이 틀리는 4~5문제의 지문은 외국의 전공 서적 수준이다. 이 지문들을 제대로 이해하고 문제를 풀기 위해서는 어설픈 실력이 아니라 거의 완벽에 가까운 실력이 필요하다.

지문의 내용이 파악된다고 해서 100점이 나오는 것은 아니다. 매년 수능이 끝나면 흥미로운 영상이 유튜브에 올라온다. 영국인이, 미국인이 수능을 푸는 영상이다. 그들은 수능 영어 문제를 틀린다. 영어를 모국어로 사용하기에 지문의 내용이 100% 이해가 되는데도 불구하고 문제를 틀리는 것이다. 몇몇 실험을 통해서도 외국인들이 다수 수능 영어 문제를 틀린다는 사실이 증명되었다.

그렇다면 우리의 수능 영어 시험에 문제가 있는 것인가? 전혀 아니다. 이렇게 생각해보자. 우리는 국어 시험에서 100점을 받는가? 한국에서 태어나서 평생 한국말을 썼지만 우리의 국어 성적은 100점이 아니다. 같은 원리다.

국어 시험에서 100점을 받으려면, 지문을 정확하게 이해하는 것에 덧붙여 출제자의 의도를 파악해서 정답을 골라야 한다. 수능 영어도 마찬가지다. 해석만 되면 풀 수 있는 유형의 문제들도 있지만, 푸는 전략이 필요한 문제들도 있다. 이것을 모르면 절대로 영어 1등급에 도달할 수 없다.

수능 영어의 유형별 독해 전략

미국 사람도 틀리는 수능 영어 문제의 정답을 찾기 위해서는 문제 유형에 대한 정확한 이해가 필요하다. 수능 영어 문제는 크게 다음의 2가지 유형으로 나뉜다.

- 해석이 되면 답이 나오는 문제 유형: 글의 목적, 글의 분위기, 주장, 요지, 주제, 제목, 도표, 실용문, 일치/불일치…
- 해석 외에 풀이 전략이 필요한 문제 유형: 어법, 어휘, 빈칸 추론, 글의 순서, 문장 삽입, 문장 요약…

해석만 되면 답이 나오는 문제들은 고민할 것이 없다. 50~60% 정도 지문 해석이 되면 정답을 찾을 수 있다. 특별한 요령이 필요 없는 독해 유형이다.

하지만 학생들이 자주 틀리는 유형은 해석 외에 풀이 전략이 필요하다. 수능 영어의 통계를 보면 학생들이 가장 많이 틀리는 유형은 전부 풀이 전략이 필요한 유형들이다.

*수능에서 학생들이 가장 많이 틀리는 유형은 빈칸 추론, 어법, 어휘, 문장 삽입*이다. 이런 문제들의 오답률이 높은 이유는 영어 실력이 있는 학생들도 대강 해석은 했는데 푸는 방법을 몰라서 대충 느낌으로 답을 찾기 때문이다. 이런 문제들을 맞춰야 영어 1등급을 받을 수 있다. 그렇다면 어떻게 구체적으로 대비해야 할까?

일단 영어의 기초가 완성되지 않은 상태에서 요령만 가지고 고난도 문제를 풀려는 생각은 접어야 한다. 일부 학생들은 4등급 정도의 영어 실력을 갖고서 푸는 요령을 익혀서 내용 해석을 50% 정도만 하고서 답을 찾으려고 하는데, 이는 굉장히 위험한 생각이다.

그런 요령을 익힐 시간에 영어 실력을 향상시키기 위해서 단어 하나라도 더 외우는 것이 좋다. 요즘 수능 영어 고난도 문제들은 얄팍한 요령으로 풀릴 만큼 호락호락하지 않다. 진짜 실력을 일단 먼저 갖춰야 한다.

학생들이 가장 어려워하는 빈칸 문제를 푸는 전략을 공개한다. 독해 유형별 풀이 전략은 비싼 돈을 지불하고 익히는 것이 아니다. 상식만 있으면 대한민국의 고3 학생들 모두가 금방 익힐 수 있다. 한국말로 된 다음 두 문제를 풀어보자.

다음 빈칸에 들어갈 말로 가장 적절한 것은?

정승익 선생님은 회를 못 먹는다.

또한 고기는 완전히 구워야 먹을 수 있다.

그는 꿈틀거리는 산낙지는 입에도 대지 못한다.

요약하면, 정승익 선생님은 _____ 음식을 먹지 못한다.

---

① 인스턴트   ② 날 것 상태의   ③ 값비싼

④ 푹 익힌   ⑤ 고기로 만든

문제2 다음 빈칸에 들어갈 말로 가장 적절한 것은?

정승익 선생님은 날 것 상태의 음식을 못 먹는다.

정승익 선생님은 회를 못 먹는다.

또한 고기는 완전히 구워야 먹을 수 있다.

그는 _____ (은)는 입에도 대지 못한다.

---

① 햄버거   ② 피자   ③ 치킨

④ 삼계탕   ⑤ 육회

1번의 정답은 ②, 2번의 정답은 ⑤이다. 아마 정답을 다들 맞췄을 것이다. 답을 찾으면서 어떤 과정을 거치는가? 글의 내용에서 빈칸에

대한 근거를 찾았을 것이다. 그 근거를 바탕으로 답을 찾을 수 있었을 것이다.

이것이 바로 빈칸 문제를 푸는 방법이다. 수능 영어의 빈칸 문제도 지문 속에서 빈칸을 채울 수 있는 근거를 찾아서 그걸 바탕으로 답을 찾으면 된다.

자, 이제 한 문제를 더 보자. 굉장히 어렵게 생긴 문제를 하나 가져 왔다.

다음 빈칸에 들어갈 말로 가장 적절한 것은? (2017 고3 3월)

It's a common practice during creativity seminars to give participants a bag full of materials and then a problem to solve. The materials are usually everyday items. Their use is obvious to all. You are then to use those materials in whatever ways you want to solve the problem; however, there isn't usually an obvious connection between the items and your problem. For instance, maybe you have to figure out how to create a communication device using a hammer, tape, a hairbrush, and a bag of marbles. Most people have a cognitive bias called functional fixedness that causes them to see objects only in their normal context. The use of the materials in their ordinary way will generally lead to no workable solutions. The really exciting solutions come from overcoming functional fixedness and using these everyday items in new ways. To see the possibilities it is helpful to take the viewpoint that _____ .

① good tools make fine work

② nothing is what you think it is

③ having many options is not a blessing

④ the more we know, the more we want

⑤ deep learning is composed of small parts

일단 이 지문의 해석이 안 되면 절대로 답을 찾을 수 없다. 그래서 모의고사 영어 등급이 5등급 이하인 학생들은 일단 단어 외우고, 문법 공부하고, 문장을 해석하는 실력부터 길러야 한다. 1, 2등급 수준의 학생이라면, 지문의 내용이 어느 정도 해석될 것이다.

이해를 돕기 위해 이 지문을 한국말로 다시 보면 다음과 같다.

참가자들에게 재료가 가득 찬 가방을 하나 준 다음 해결할 문제를 주는 것은 창의력 세미나를 하는 동안 흔히 있는 일이다. 그 재료는 보통 일상 용품이다. 그것들의 쓰임새는 모두에게 분명하다. 그런데 그 재료를 사용해서 원하는 어떤 방식으로든 그 문제를 해결해야만 한다. 하지만 물품과 문제 사이에는 보통 분명한 연관성이 없다. 예를 들어, 망치, 테이프, 머리빗, 그리고 구슬 한 봉지를 사용하여 여러분은 아마도 통신 장치를 만드는 방법을 생각해 내야만 할 것이다. 대부분의 사람에게는 오로지 전형적인 맥락에서만 물체를 보게 하는, 기능적 고착이라는 인지적 편향이 있다. 그 재료를 일상적인 방식으로 사용하면 일반적으로 실행 가능한 해결책이 나오지 않을 것이다. 정말로 흥미진진한 해결책은 기능적 고착을 극복하고 이런 일상 용품을 새로운 방식으로 사용하는 데서 온다. (새로운 쓰임의) 가능성을 알기 위해서는, _____ 는 관점을 취하는 것이 도움이 된다.

이 지문을 읽고, 빈칸을 채우기 위해 필요한 내용을 찾아보자. 빈칸 바로 앞에 있는 내용이 빈칸에 대한 근거가 된다.

> 정말로 흥미진진한 해결책은 기능적 고착을 극복하고 이런 일상 용품을 새로운 방식으로 사용하는 데서 온다.
> → 그 어떤 것도 여러분이 생각하는 그대로인 것은 없다는 관점을 취하는 것이 도움이 된다. (정답: ②)

일상적인 방식, 기존의 방식은 도움이 안 되고, 새로운 방식으로 바라봐야만 문제 해결이 된다는 것이다. 이 말을 한 번 더 비틀어서 그 어떤 것도 생각하는 그대로인 것은 없다는 관점이 도움이 된다고 답을 찾는 것이다. 이 문제를 한국말로 보고도 답이 이해가 안 될 수도 있다. 이런 방식의 추론에 익숙하지 않기 때문이다. 이는 꾸준한 연습을 통해서 극복할 수 있다. 이것이 근거를 바탕으로 한 최강의 풀이법이다. 이런 식으로 생각하면, 영어의 기본기만 뒷받침된다면 고난도 유형들도 충분히 풀어 나갈 수 있다.

수능은 매년 60만 명 정도가 응시하는 시험이다. 수능 영어의 빈칸 문제의 경우, 60만 명이 그 빈칸에 들어갈 정답에 대해서 인정을 해야 한다. 그러기 위해서는 지문 속에 너무나도 확실하고 명쾌한 근거가 있어야 한다. 문제를 푸는 수험생은 그 근거를 찾기만 하면 되는 것이다. 근거는 만드는 것이 아니라 지문 속에서 찾는 것이다.

다른 독해 유형들도 이와 같이 지문 속에 명확한 근거를 가지고 있다. 학생들이 많이 틀리는 어휘, 글의 순서, 문장 삽입 유형들도 모두 정답을 위한 근거를 지문 속에 갖고 있다. 학생들은 어디서 어떤 근거를 찾아야 하는지 배우기만 하면 된다.

다시 한 번 강조하지만 이 근거들은 상식만 있으면 누구나 찾을 수 있다. 즉 EBSi의 수능특강, 수능완성 강의를 수강해서 들으면, 강의 중에 독해 유형별로 근거를 찾는 방법을 배울 수 있다.

지금까지 영어 공부에 대한 많은 이야기를 나누었지만, 아직도 궁금한 것들이 있을 것이다. 이번 장에서는 조금 남은 그 궁금증마저도 말끔하게 해결하고자 한다. 지난 10년간 온오프라인을 통해서 만난 영어 학습자들이 궁금해 했던 내용들을 정리했다. 지금까지 궁금한 내용이 있을 때마다 인터넷 게시판 여기저기를 옮겨다니며 정확하지 않은 내용으로 궁금증을 달랬다면, 이번 장에서 명쾌하고 정확한 해답을 얻기 바란다. 이제 여러분은 영어를 잘하기 위한 방법을 모두 익혔다. 이 책을 덮은 후에는 영어 공부의 목표를 정하고, 계획을 세우고 실천하기 바란다. 제대로 된 영어 공부법과 여러분의 의지만 있으면 여러분도 영어를 분명히 잘할 수 있다. 영어가 여러분의 인생에 가지고 올 태풍 같은 변화를 기대하면서 바로 오늘부터 제대로 된 영어 공부를 시작하기 바란다.

CHAPTER

영어 고민,
이제 말끔히 해결하자

6

Q1 영어의 기초가 아예 없어요. 어떻게 하죠?

영어의 기초가 없고 막막한 상태라면 일단 단어와 문법, 이 2가지만 기억하자. 자신의 수준에 맞는 영단어책을 한 권 사서 하루에 30개씩 외운다. 나의 수준에 맞는 영단어책은 아는 단어가 40~50% 정도 되는 단어책이다.

문법은 앞서 추천한 기초 문법 강좌들을 들으면 된다. 영어 공부를 처음하는 것은 게임으로 따지면 레벨1로 시작하는 것이다.

레벨1의 상태에서는 사실 많은 것이 어렵고 답답하다. 영어 공부를 처음 하면 답답한 부분이 많을 것이다. 특히 문법을 처음 공부할 때는 이해가 안 되는 부분들이 다수 생길 수밖에 없다. 일단 끝까지 꾹 참고 진행해야 한다. 문법 강좌를 1회 완강해서 자신의 영어 수준이 향상되면 앞서 이해가 안 됐던 부분들이 자연스럽게 이해가 될 것이다. 답답함을 이기지 못해 시작도 제대로 안 하고 포기하는 일이 없어야 한다.

Q2 감으로 영어 문제를 풀어요. 괜찮나요?

많은 학생들이 영어 시험 문제를 '2+2=4'처럼 정확하게 푸는 것이 아닌 감으로 해결한다. 감이라는 것은 단어의 의미를 바탕으로 어느 정도 해석을 한 뒤 문제를 푸는 것이다.

수능 영어의 독해 파트에는 다양한 유형의 문제들이 있다. 대강 해석을 해서 감으로 풀어도 잘 풀리는 문제 유형들이 있다. 주장, 요지, 주제, 제목을 찾는 문제들은 50% 이상만 해석이 되면 주된 내용을 알 수 있고, 문제의 답을 찾을 수 있다. 하지만 이 문제들은 오답률이 높지 않다.

학생들이 많이 틀리는 어휘, 빈칸, 글의 순서, 문장 삽입 유형들은 근거를 바탕으로 정확하게 풀어야 한다. 수능 영어를 준비한다면 최대한 지문 내용을 정확하게 해석한 뒤 근거를 바탕으로 정답을 찾는 연습을 해야 한다.

근거 없이 감으로 문제를 풀면 아무리 영어 공부를 오래 해도 3등급을 넘기기 어렵다. 1등급은 절대로 감으로 얻을 수 있는 등급이 아니다.

Q3 영어 공부를 너무 늦게 시작한 것 같아요.

뒤늦게 공부를 시작한 학생들이 많이 하는 고민이다. 가장 늦었다고 생각할 때가 가장 빠른 때라는 이야기도 있지만, 실제로 너무 늦은 출발이 존재한다.

이상적으로는 초등학교 고학년에서 중1 사이에 기초 단어와 문법을 익히고, 중학 과정에서 단어와 문법을 웬만큼 완성하면서 독해를 쭉쭉 해주어서 고등학교에서 원하는 최고 수준의 성적을 턱 하고 받아주면 좋다.

하지만 이는 100명 중 4~5명에 해당되는 이야기이다. 90명 이상은 공부를 하기는 하는데 성적은 안 오르고, 본격적으로 공부를 시작해야겠다고 마음먹었을 때는 이미 늦었을까봐 불안해한다.

고등학교에 들어가 영어 공부를 본격적으로 시작하면서 부족한 기본기 때문에 늦은 출발을 원망하는 학생들이 많다. 늦게 출발한 것은 맞다. 하지만 중요한 것은 늦게 출발한 만큼 더 열심히 해야 하는 것이다.

대학 이후에 영어를 열심히 공부해서 영어를 마스터한 이들도 많이 있다. 공부는 얼마나 간절하게 몰입해서 하느냐가 성패를 좌우한다. 늦은 만큼 더 간절하고 독하게 공부하면 충분히 늦은 출발을 만회하고 영어를 잘할 수 있다.

Q4 영어 단어가 안 외워져요. 어떻게 하죠?

학생들의 영어 고민 중에서 영단어에 대한 고민이 압도적으로 많다. 영어를 공부하는 첫 단계로 많은 학생들이 영단어 암기에 도전하지만 결과는 그다지 좋지 않은 경우가 많다. 이유는 힘들기 때문이다.

영단어 암기를 고민하는 학생 중에서 하루에 단어 30개를 3개월 이상 외운 학생이 거의 없다. 왜? 그 정도의 노력을 기울이면 단어 암기가 되기 때문이다. 대부분의 학생들은 길어야 한 달 정도 단어를 암기해보고 답답하고 힘드니까 더 쉽고 편하게 단어를 외울 수 있는 방법을 찾는다. 시중에는 그런 학생들의 심리를 이용한 다양한 단어 암기 수단들이 있다.

단어책도 많고, 단어 암기를 도와주는 기계도 판매한다. 하지만 명확한 점은 어떤 방법을 쓰더라도 자신의 노력이 뒷받침되지 않으면 절대로 단어를 외울 수 없다는 것이다. 꾹 참고 하루에 30개씩 3달 정도는 외우자.

1천개 정도의 단어가 머릿속에 맴돌기 시작하면, 영어 문장을 해석할 때 아는 단어가 툭툭 튀어나올 것이다. 이때부터는 단어 암기에 보람이 느껴지고 영어 공부에 탄력이 붙는다.

초반의 답답한 단계를 잘 넘기자. 우리는 많은 것을 기억하고 있다. 우리 집 주소도, 부모님의 핸드폰 번호도 기억하고 있다. 반복해서 보고 들으면 분명히 기억할 수 있다. 노력하면 반드시 단어도 외울 수 있다.

Q5 영어 지문을 읽고 나서 왜 머리에 남는 게 없죠?

고등학교에 진학하면서 지문의 평균적인 길이가 길어지고 소재의 난이도가 높아지면서 많은 학생들이 이와 같은 고민을 한다. 한국말로 해석은 해나가는데, 다 읽고 나서 머리에 남는 것이 없어서 결국 문제를 못 푼다는 것이다.

앞서 살펴본 것처럼 수능과 모의고사에 활용되는 지문들은 수준이 전공 서적 수준이다. 특히 긴 글에서 7~10문장 정도를 잘라서 문제를 만들다 보니, 전체 내용을 파악하는 것이 더욱 어렵다.

이런 어려운 지문을 이해하기 위해서는 지문의 오른쪽 또는 아래 여백에 지문의 내용을 정리해 나가는 연습을 하자. 내용을 정리하면서 읽어나가면 전체 내용을 파악하는 데 도움이 된다. 이렇게 어려운 지문들을 꾸준히 읽다 보면, 공통적인 소재에 대해서 배경 지식이 쌓이고 점점 길고 어려운 글을 잘 읽고 이해할 수 있다.

Q6 긴 문장의 해석이 잘 안 되는데 어떻게 하죠?

이건 당연한 현상이다. 짧은 문장은 단어와 문법을 알면 해석이 바로 된다. 수학으로 따지면 공식에 대한 간단한 연습 문제를 푸는 것과 같다.

영어의 긴 문장은 수학의 응용 문제에 해당한다. 수학 공식을 알아도 응용문제를 풀기 위해서는 고민이 필요하다. 어떤 공식을 어떻게 활용해야 하는지 긴 시간 고민을 해야 한다. 영어에서는 단어와 문법이 문장을 해석할 수 있는 공식이다.

하지만 공식을 알아도 세상의 문장은 수도 없이 많다. 그러므로 공식을 활용해서 문장을 해석하기 위해서는 고민이 반드시 필요하다.

평소에 지문을 해석할 때 문장 하나하나를 정확하게 해석하는 연습을 해야 한다. 학생 중에는 문제의 정답만 찾고, 문장 해석을 소홀히 하는 경우가 있는데, 이런 식으로 공부를 하면 문장 해석 실력이 늘지 않는다.

영어의 초중수일 때는 정확하게 문장을 해석하는 연습을 꾸준히 하자. 문장 해석의 경험이 쌓이면 문장의 구조가 보이고, 문법을 이용해서 정확하게 문장을 해석할 수 있다.

Q7 끊어 읽기는 어떻게 하는 거죠?

영어 강의를 하는 거의 모든 교사와 강사는 독해 지문을 읽을 때 끊어 읽기를 한다. 학생들은 이를 부러워하며 끊어 읽기 하는 법을 배우고 싶어 한다.

하지만 끊어 읽기에 대한 정해진 이론은 없다. 글을 읽을 때 내용덩어리를 끊으면서 읽으면 독해를 빠르고 정확하게 할 수 있는데, 내용덩어리의 크기는 학습자의 수준에 따라서 모두 다르다.

예를 들어서 영어 초보들은 문장을 읽을 때 단어 단위로 인식이 될 것이다. 아래와 같이 살짝 긴 문장을 읽을 때 초보들의 눈에는 이 문장이 단어 단위로 보일 것이다.

Give/ your whole focus/ to/ what/ you're doing/ at the moment/ no matter what/ it is.

하지만 영어 고수인 내가 이 문장을 읽을 때는 3덩어리 정도로 보인다.

Give your whole focus/ to what you're doing at the moment/ no matter what it is.

더 나아가면, 이 정도의 문장은 끊어 읽지 않아도 한눈에 무슨 의미인지 파악이 가능하다. 중간에 복잡한 구조가 없기 때문이다. 결국 끊어 읽기라는 것은 자신의 문법 수준, 문장 해석 실력에 따라서 달라질 수밖에 없다. 원칙을 알아도 자신의 영어 수준이 낮으면 그 원칙을 적용할 수 없다. '관계대명사 앞에서 끊어라'라는 원칙을 배워도 '관계대명사'라는 문법을 마스터하지 않으면 끊어 읽을 수 없다.

끊어 읽기는 문장 해석을 할 수 있는 절대 비결 같은 것이 아니다. 문장 해석은 단어와 문법을 익힌 상태에서 경험을 쌓는 것이 최고의 방법이다.

Q8 단어는 알겠는데 자연스럽게 해석이 안돼요.

단어를 외워서 문장 해석에 도전한 많은 학생들이 이런 고민을 한다. 자연스럽게 해석이 안 된다는 것이다. 일단 문장 구조 파악이 자연스럽게 안 된다면, 문법을 보강하고 문장 해석 경험을 조금 더 쌓아야 한다.

독해를 하면서 경험을 쌓아도 되고, 좀 더 집중적인 공부를 원한다면 인강 중에서 '구문'이라는 이름을 가진 강좌를 수강하면 큰 도움이 된다. 구문강좌는 문법을 바탕으로 문장을 해석하는 방법을 알려주고 이를 연습하는 강좌이다.

다만 어느 정도 문장의 의미는 알겠는데 이것이 한국어로 매끄럽게 바뀌지 않는 것을 고민하고 있다면, 이 부분은 고3까지는 그다지 걱정할 것이 없다. 수능 영어는 통번역을 하는 능력을 측정하지 않기 때문이다.

실제로 통번역사들은 제대로 된 통번역을 위해서 한국어 공부를 상당히 많이 한다. 영어를 자연스럽게 한국말로 번역하려면 한국어에 대한 공부도 철저해야 한다. 학생들은 그런 경우가 아니기 때문에 영어 문장을 자연스럽게 한국말로 바꾸기는 무리가 있다. 한계를 인정하고 문장의 의미를 파악해서 지문의 주된 내용을 이해하는 것을 목표로 삼으면 된다.

Q9 지문 해석 속도가 너무 느린데 어떻게 하죠?

고등학교에 올라와서 수능 영어 모의고사를 볼 때 듣기를 제외하고 28개의 독해 문제를 50분에 풀어야 한다. 이를 계산하면 한 문제를 107초에 풀어야 한다. 1분 47초에 한 문제를 풀어야 한다. 그런데 어려운 문제는 2분도 안 되는 시간에 절대로 풀 수 없다. 그래서 한 문제를 1분 30초에 푸는 연습을 하라는 이야기가 나오는 것이다.

하지만 실제로 28문제를 50분 안에 풀어보면, 시간 내에 풀기가 어렵다. 이때 학생들이 해석 속도에 대한 고민을 한다. 하지만 이는 속도의 문제가 아니다. 해석의 속도가 느리다는 것은 단어 이해가 잘 안 되고, 문장 구조 파악이 느리고, 따라서 지문 내용 파악도 늦어지는 것이다. 이는 속도의 문제가 아닌 '실력'의 문제다.

모의고사에서 시간 때문에 고민을 하는 학생이라면 단어를 보강하고, 문장 해석 연습을 더 해서 영어 실력을 향상시켜야 한다. 그러면 시간의 문제는 자연스럽게 해결이 된다.

Q10 해석은 되는데 내용 이해는 왜 잘 안 되나요?

수능 영어의 지문은 상당히 어렵다. 한국말로 봐도 어렵다. 이 지문들은 상당수가 외국의 철학, 사회학, 지리, 과학 서적의 일부분을 발췌해서 수정·가공한 것들이다. 원래도 어려운 책의 내용을 일부만 가져

오다 보니 맥락을 몰라서 내용 파악이 더욱 어렵다.

최근에 내가 풀어본 영어 문제 중에서 난해했던 지문의 한국말 해석본을 보자.

정치적 행위는 기여의 측면에서 다양하다. 한쪽 극단에서는 표가 어느 정도까지는 똑같은 영향력을 가진다. 매번의 선거전에서 우리 각자에게 오직 한 표만 허락되어 있다. 하지만 일인당 한 표라는 원칙은 다른 종류의 (정치적) 참여에서는 해당하지 않는다. 개인들은 자유롭게 자신의 시간과 의지가 허락하는 만큼, 공무원들에게 많은 편지를 쓰거나 조직적 운동에서 오랜 시간 동안 일하거나 많은 정치 단체에 가입할 수 있다.

<u>활동의 양이 배가될 수 있는</u> 정도의 측면에서, 정치적 운동과 명분에의 기여는 한 가지 특별한 사례를 보여준다. 한 시민이 공무원에게 걸 수 있는 전화의 횟수나 시위자가 참여할 수 있는 행진의 수에는 법적 제약이 없지만, 하루에 24시간만 있다는 사실은 내재된 상한을 설정한다. 반면, 몇몇 선거자금법에도 불구하고, 개인이 기여할 수 있는 달러의 숫자에는 상한이 없다.

이 글에서 밑줄 친 부분에 들어갈 말을 맞추는 문제였는데, 한국말로 봐도 정확한 내용 이해가 쉽지 않다. 이런 내용을 영어로 보면 당연히 이해하기 어렵다. 겨우겨우 문장은 해석을 하지만 전체 내용을 파악하기가 매우 어렵다.

이 정도 수준의 지문은 수능 영어에서 변별을 위한 최고난도 문제에 활용되는데, 이 문제를 맞춰야 1등급을 받을 수 있다. 이를 위해서는 적응 능력을 길러야 한다.

이런 수준의 지문들을 계속 풀다 보면 반복해서 등장하는 개념들을 알게 되고 배경 지식을 바탕으로 보다 수월하게 내용 파악이 가능하다. 자연선택설, 유전과 환경, 지속가능한 개발 등이 대표적으로 자주 등장하는 개념들이다.

Q11 서술형 문제를 맨날 틀려요. 어떻게 하죠?

서술형 문제는 오지선다형 객관식 시험의 단점을 보완하기 위한 문제 유형인데, 갈수록 그 비중이 커지고 있다. 영어 쓰기에 자신 없는 학생들은 배점 높은 서술형 문제를 틀려 성적에서 큰 손해를 본다.

일단 서술형 문제를 맞추기 위해서는 기본 문법을 알고, 이를 바탕으로 기본 문장을 작성할 수 있어야 한다. 그 다음에는 학교별, 선생님별로 서술형 출제 유형이 매우 다양하기 때문에 자신의 학교 기출 문제를 구해서 서술형 문항의 출제 경향을 파악하고 이에 대비해야 한다.

예를 들어 문법을 이용한 문장 쓰기가 자주 출제된다면 문법에 중점을 두어 공부하고, 지문의 중심 문장을 작성하는 문제가 출제된다면 각 지문의 중심 내용을 따로 정리해서 쓰는 연습을 하는 식이다.

단, 영문법의 기본이 없는 상태에서는 방대한 유형의 서술형 문항에 대비하는 것이 어렵기 때문에 반드시 영문법 기초를 먼저 잡아야 한다.

Q12 시험 점수가 안 오르는데 그 이유를 모르겠어요.

공부를 꾸준히 하는데 성적이 안 오르는 경우가 있다. 학생 입장에서는 참 답답한 경우다. 다음 2가지로 자신의 공부 상태를 진단할 필요가 있다.

우선 자신의 수준에 맞는 올바른 공부를 하고 있는지 확인해야 한다. 평균 또는 평균 이하의 영어 실력을 가지고 있다면 단어와 문법을 공부해야 한다. 이 단계의 학생이 독해나 듣기를 공부하면 단어나 문법을 몰라서 제대로 된 공부를 못한다. 평균 이상의 실력이라면, 자신이 약한 유형을 정확하게 분석해서 이에 대한 정확한 보완을 해야 한다.

막연한 공부, 목적이 없는 공부는 효과가 없다. 그리고 임계점을 넘어서는 공부를 하고 있는지 확인해야 한다. 하루에 팔굽혀펴기를 1개씩만 한다면 1년이 지나도 몸짱이 되지 않는다. 힘들 정도로 팔굽혀펴기를 꾸준히 해야 몸에 변화가 생긴다. 안 힘들 정도로 적당하게 영어를 공부하는 것은 변화를 가져오지 못한다. 모든 공부를 다소 힘에 부칠 정도로 많이 해야 한다.

Q13 시험 볼 때 긴장해서 실력 발휘를 못해요.

지나친 긴장은 시험의 적이다. 특히 수능과 같은 중요한 시험에서 긴장해서 실력 발휘를 못하는 학생들이 있다. 긴장을 없애는 방법은 오직 연습밖에 없다.

수능 영어를 예로 들면, 70분에 45문제를 푸는 연습을 질리도록 해야 한다. 70분이라는 시간 동안 45문제를 해결하는 연습을 꾸준히 하면 마음은 긴장을 해도 몸과 머리가 알아서 움직인다. 긴장을 해도 실력 발휘가 되는 것이다.

많은 학생들이 평소에 영어 문제를 긴장감 없이 푼다. 이런 연습은 실전에 도움이 되지 않는다. 반드시 영어 문제는 시간을 재서 푸는 연습을 해야 한다. 반복해서 자신에게 긴장된 상황을 부여해야 진짜 긴장되는 상황에서 실력 발휘를 할 수 있다.

Q14 4등급에서 성적이 더 안 오르는데 어떡하죠?

모의고사 4등급에서 성적이 더 안 오르고 정체되는 경우가 많다. 영어 공부를 안 하던 학생이 기본 단어와 문법을 익히면 성적이 꾸준히 오른다. 그러다가 4등급 수준에 이르면 더 이상 성적이 잘 안 오른다.

4등급은 전체의 40%까지다. 평균보다 약간 더 잘하는 상태다. 공부를 안 하다가 공부를 하면 평균보다 약간 더 공부를 잘하게 된다. 하지만 이보다 더 높은 등급을 얻기 위해서는 제대로 된 공부를 해야 한다.

4등급 이상의 성적을 받는 학생들은 누구나 열심히 한다. 그들 중에서 앞서 나가기 위해서는 더욱 치열한 노력이 필요하다. 부족한 부분을 파악하고, 이를 보충하기 위한 치열한 노력을 해야 한다.

더 이상 내 옆의 공부를 안 하는 친구들을 경쟁 상대로 삼아서는 안 된다. 나보다 앞서가는 친구들을 따라잡기 위해서 그들보다 더 치열한 노력을 해야만 3등급 이상으로 올라갈 수 있다.

Q15 3등급인데 1등급으로 성적을 올리고 싶어요.

영어 모의고사 3등급은 영어를 잘하는 학생이다. 4등급이 평균적인 영어 실력이라면, 3등급은 꽤 영어를 잘하는 학생이다. 반에서 영어로 다섯손가락 안에 드는 학생일 것이다. 하지만 이들이 1, 2등급으로 올라가기 위해서는 더욱 치열한 노력이 필요하다.

현재 수능 영어는 절대평가다. 나만 열심히 하면 성적이 쭉쭉 오를 것 같지만, 문제는 시험의 난이도다. 수능 영어 45문제 중에서 5~7문제 정도는 굉장히 어렵다. 어려운 문제는 주로 3점이기 때문에 이 7문제를 다 틀리면 21점이 감점되고, 3등급을 받는다.

웬만한 수준의 문제를 실수 없이 다 맞쳐도, 가장 어려운 문제를 맞추지 못하면 3등급을 벗어나지 못한다. 수능 영어에서 가장 어려운 문제들은 오답률 통계를 보면 금방 알 수 있다. 어법, 어휘, 빈칸, 문장 삽입, 글의 순서, 장문 빈칸 같은 유형들이 가장 어려운 문제들이다.

자신의 영어 실력이 모의고사 3등급 수준에 이르렀다면, 위에서 언급한 고난도 유형들을 집중적으로 풀어야 한다. 이 지문들을 풀 수 있는 어휘 실력, 문장 해석 실력을 갖추면 그때 등급이 1, 2등급으로 올라간다.

Q16 해석은 되는데 문제가 안 풀려요. 어떻게 하죠?

언젠가부터 수능이 끝난 다음에 유튜브에 재미난 영상이 올라온다. 원어민들이 수능 영어 문제를 풀어보고, 그 난이도에 경악하는 영상이다.

영어를 모국어로 하는 원어민들이 수능 영어 문제를 틀린다. 수능 영어에 문제가 있는 것일까? 아니다. 우리도 국어 시험을 보면 100점이 나오는 것이 아니다. 출제자의 의도를 정확하게 파악하고 관련 지식을 알고 있어야 문제를 풀 수 있다.

수능 영어도 마찬가지다. 빈칸을 뚫어 놓고 메꾸라고 하면, 단순히 해석을 한 다음 말이 되는 것 같은 것을 대강 '감'으로 찾는 것이 아니다. 지문 어딘가에 있는 빈칸의 근거를 찾아서 그것을 바탕으로 정확하게 답을 찾아야 한다.

모든 문제는 근거를 바탕으로 출제되기 때문에 그것을 찾아 문제를 풀어야 한다. 원어민들은 이런 생각을 못한 채, 단순히 해석만 하고 느낌으로 문제를 풀기 때문에 답을 틀리는 것이다.

우리나라 학생들도 마찬가지다. 문장을 해석했다고 해서 답이 나오는 것이 아니다. 해석은 기본이다. 그것을 바탕으로 유형별로 문제를 해결하는 방법을 익혀야 한다. 특별한 비법은 아니다.

우리나라의 시험은 엄격한 과정을 거쳐서 출제되기 때문에 모든 문제에 근거가 있다. 그것을 찾기만 하면 된다. 그런 식으로 근거를 찾아 문제를 해결하는 연습을 꾸준히 하면서 해석이 되면 문제의 정답을 정확하게 찾을 수 있다.

Q17 내신과 수능을 다 잡기 어려워요. 어떻게 하죠?

고등학생들이 가장 고민하는 부분이다. 중학교 때는 내신만 신경 쓰면 되는데, 고등학교는 내신과 모의고사 성적을 모두 신경 써야 한다. 특히 고1, 고2의 경우 수시로 대학을 갈지 정시로 갈지 정해지지 않았기 때문에 내신과 모의고사 성적을 둘 다 관리할 수밖에 없다.

이때 내신과 모의고사 대비를 분리해서 생각하는 학생들이 많다. 내신은 중학교 때처럼 시험 범위의 내용을 외우는 식으로 공부하고, 모의고사는 문제를 풀고 실전 경험을 쌓는 식으로 공부를 한다. 이런 식으로 하면 쉴 새 없이 공부를 하지만 실력이 쌓이지 않기 때문에 성적이 그다지 오르지 않는다.

고등학교 과정에서는 영어의 기본기를 잡아서 내신과 모의고사를 동시에 잡는 전략을 쓰는 것이 현명하다. 고등학교 영어 시험은 수능 영어를 토대로 출제된다. 유형이 서술형 문항을 제외하면 거의 똑같다. 결국 지문을 해석하고, 유형별로 문제를 해결하는 연습을 하면, 내신과 모의고사를 동시에 잡을 수 있다.

내신을 위해서 서술형만 조금 더 대비하면 된다. 영어의 기본기는 단어, 문법, 독해다. 이 3가지를 평소에 꾸준히 연습해서 기본기가 확립되면, 내신과 모의고사를 모두 잡을 수 있다.

Q18 혼자서 영어 공부 하는 법을 모르겠어요.

혼자서 영어 공부를 할 때 많은 학생들이 방법을 몰라서 불안해한다. 일단 3가지만 기억하자. 단어, 문법, 독해다. 하루에 단어를 30개 이상 외운다. 문법이 약하다면, 문법 강좌를 수강해서 듣는다. 자신의 수준에 맞는 독해 지문을 하루에 5개 이상씩 꾸준히 해석한다. 이것이 기본이 되어 원하는 성적이 나오면 추가적으로 영자 신문, TED, 영어 원서 등을 이용해서 공부할 수 있다.

영어 공부에 비법이 있을 거라고 생각하면서 공부법만 찾아다니지 말고, '단어-문법-독해'의 기본기를 익히는 것이 중요하다. 그리고 앞서 함께 알아본 공부법들을 꾸준히 실천해봐야 한다. 또한 실천한 결과를 반성하고, 이를 바탕으로 계획을 다시 수정한다. 이것이 자기 주도적 학습이고, 전교 1등의 공부법이다. 학원의 힘을 빌리지 않고 혼자서 공부하는 것이 정답이다. 다소 시행착오가 있을 수 있지만, 장기적으로 옳은 길이므로 꼭 참고 혼자서 공부해보자.

Q19 학원을 끊었는데 불안해요. 어떡하죠?

중학교에서 학원의 가장 큰 기능은 '관리'다. 학원에서 학습 계획을 짜주고 관리를 해준다. 학원의 일정대로 따라가면 학습이 계획대로 자연스럽게 이루어지고, 학원의 관리 덕분에 의지가 부족한 학생들도 일정 공부량을 채우게 된다.

중학교까지는 시험 범위가 많지 않기 때문에 학원의 계획 아래 관리를 받으면 원하는 내신 점수를 얻을 수 있다. 불안할 것이 없다. 그러다가 혼자서 공부를 하겠다고 학원을 끊으면 제일 먼저 불안감이 찾아온다. 하지만 시행착오를 겪더라도 자기가 자기를 관리하는 연습을 꾸준히 해야 한다.

고등학교 입학 후에는 전 과목 내신 관리, 비교과 활동 관리, 대입 전략까지 모든 것을 자신이 해야 한다. 하나하나 학원의 도움을 받을 수 없다. 학원을 다니더라도 개인이 판단해서 꼭 필요할 때만 다녀야 한다. 자기가 자신을 분석하고 계획을 세우고 실천하고 반성하는 메타인지능력은 처음부터 주어지는 것이 아니다.

처음에는 혼자 공부를 한다는 것이 막막하고 불안한 것이 사실이다. 하지만 이는 누구나 거쳐야 하는 과정이기 때문에 초반에 시행착오를 겪는 것을 감수하고 스스로 계획을 세우는 것이 중요하다. 그런 의미에서 중학교에서부터 학습 계획을 스스로 짜는 연습을 한다면, 고등학교에서 시행착오를 줄이고 원하는 성적을 받을 수 있다.

Q20 인강 들을 때 계속 딴짓을 해요. 고칠 수 있나요?

인터넷 강의는 지금 시대를 살고 있는 학생들에게 최고의 혜택 중 하나다. 전국 어디서나 최고 수준의 강의를 클릭 몇 번으로 들을 수 있다.

하지만 결정적인 문제가 있다. 학생의 의지가 동반되지 않으면 아무리 좋은 인강도 효과가 없다. 학원의 가장 큰 강점 중 하나는 학생을 관리해준다는 것이다. 출석과 숙제를 학교보다 더 엄격하게 관리하는 학원이 많다.

인강에는 이런 서비스가 제공되지 않는다. 학원가에서는 인터넷 강의 완강률은 20% 정도라는 것이 정설이다. 즉 학생 10명 중 2명만 완강하는 것이다. 나머지 8명의 학생은 수강료만 지불하고 강의는 듣지 않는다.

의지 부족으로 중도 탈락하는 것이다. 게다가 인터넷 강의를 듣는 주된 매체인 컴퓨터와 스마트폰은 공부 외의 목적으로 더 많이 사용되기 때문에 인강으로 제대로 된 공부를 하기가 어려운 환경이다. 인강을 제대로 듣고 효율을 높일 수 있는 방법을 소개한다.

- 스마트폰은 잠시 꺼둔다.
- 인강은 컴퓨터에 다운을 받아서 인터넷에 연결하지 말고 듣는다.
- 미리 공부할 내용을 예습하고 인강을 듣는다.
- 수업 중에 중간중간 자신의 방식으로 배운 내용을 정리한다.
- 인강을 들은 후에는 반드시 배운 내용을 노트에 정리한다.

인간의 의지는 굉장히 약하다. 배고플 때 눈앞에 김이 모락모락 나는 치킨이 있으면 먹을 수밖에 없다. 하기 싫은 공부를 하고 있을 때 눈앞에 스마트폰이 있으면 딴짓을 할 수밖에 없다. 인강을 들을 때 공부에 방해가 되는 것들을 최대한 제거하는 것이 공부의 효율을 높일 수 있는 최고의 방법이다.

Q21 인강을 들은 후 혼자 해석하면 해석이 안돼요.

많은 중고등학생들이 고민하는 부분이다. 인터넷 강의를 들을 때는 선생님의 설명을 따라가다 보면 막힘없이 내용이 이해된다. 하지만 컴퓨터를 끄고 난 후, 혼자서 공부할 때는 배운 내용이 이해가 안 된다. 문제는 복습이다.

반드시 인터넷 강의를 듣고 난 다음에 내용을 복습하고, 이해가 되는 부분도 자신만의 방식으로 다시 한 번 주요한 내용을 정리하고, 이해가 안 되는 부분은 형광펜으로 표시해서 강의를 다시 듣고 내용을 이해해야 한다.

인터넷 강의를 들을 때 유용하게 활용할 수 있는 코넬식 노트 정리법을 소개한다. 1950년대에 코넬 대학교 교육학 교수인 월터 포크 Walter Pauk가 고안한 노트 필기법이다. 인강을 들으면서 노트에 다음과 같이 정리해보자.

제목 영역	
단서 영역	필기 영역
요약 영역	

- 제목 영역: 강의 주제와 일자

- 단서 영역: 필기 영역에 적은 내용을 집약하는 핵심어 정리

- 필기 영역: 수업 내용을 정리

- 요약 영역: 각 페이지의 필기 영역에 적은 내용을 한두 문장으로 요약

인강을 들으면서 다음 5단계를 따라서 필기하고 공부하자.

- 1단계 Record(기록하기): 수업, 강의에서 듣는 내용을 필기 영역에 기록한다.

- 2단계 Reduce(축약하기): 필기 영역에 쓴 내용 중 중요한 내용이나 이에 대한 생각을 단서 영역에 적는다. 요약 영역도 작성한다.

- 3단계 Recite(외우기, 암송하기): 왼쪽의 단서 영역, 요약 영역을 보고 오른쪽의 필기 내용을 생각해낸다.

- 4단계 Reflect(깊이 생각하기): 수업에서 배운 내용에 대해 깊이 있게 생각하면서 새롭게 배운 내용이 기존 지식과 어떻게 연결이 되는지, 얼마나 중요한지 생각한다.

- 5단계 Review(복습하기): 시간차를 두고 주기적으로 내용을 복습한다.

Q22 토익 점수 잘 받으면 대학을 갈 수 있나요?

토익은 대한민국에서 영어가 모국어가 아닌 사람들의 영어 능력을 측정하기 위한 시험으로 ETS$^{Educational\ Testing\ Service}$에서 개발되었다. 토익 시험은 비즈니스 환경에서 영어 사용 능력을 측정하기 위한 시험이기 때문에 주로 기업에서 활용한다.

한국토익위원회에 따르면 국내 1600개의 기관에서 채용과 승진에 TOEIC, TOEIC SPEAKING 시험을 활용한다고 한다. 초기에는 문법 문제가 다수 출제되었지만 개정을 통해서 점차 문법 문제는 줄고, 독해 부분이 늘고 있다. 공무원 시험, 기업에서는 토익 시험이 활발하게 활용되고 있는데 대입에서는 어떨까?

막연하게 토익 점수를 일정 점수 이상 받으면 어학 특기자로 좋은 대학을 갈 수 있을 것이라고 생각하는 학생들이 있는데, 현실을 정확하게 파악할 필요가 있다. 예를 들어서 토익 만점은 990점인데 900점 이상을 받으면 서울대학교를 갈 수 있을까? 불가능하다. 2018년 기준으로 토익을 비롯한 영어공인점수를 제출하는 대학은 서울권에서는 국민대, 동덕여대, 서경대, 성신여대, 숙명여대, 총신대, 이렇게 6개 대학이다. 이때 다음 2가지를 기억해야 한다.

- 서울권뿐만 아니라 지방 대학들도 요구하는 토익 점수가 매우 높다.
- 토익 점수만 제출한다고 해서 끝나는 것이 아니다.

국민대학교의 예를 들면, 2018년 기준으로 어학특기자로 영어에서 42명을 모집한다. 이때 요구하는 영어공인성적은 TOEIC 900점, TOEFL IBT 95점, TEPS 800점 이상 중 하나를 만족해야 한다.

1단계에서 어학성적 100%로 8배수를 선발한 뒤 2단계에서 1단계 성적 20%, 면접 50%, 학생부교과 30%를 합산해 합격자를 정한다.

면접은 한국어면접과 외국어면접, 이렇게 2가지로 나눠 실시한다. 일반적인 사회현상이나 이슈화되는 내용에 대한 의견을 묻는 문제로 출제된다. 출제된 문제를 열람한 후 질의응답 형식의 개별 구술면접을 치러야 한다. 토익 성적뿐만 아니라 영어로 면접을 진행할 수 있는 정도의 영어 실력이 필요한 것이다.

지방으로 내려가면 토익 성적만으로도 갈 수 있는 대학들이 있다.

이때 요구하는 토익 성적은 900점 이상인 경우가 많은데, 수능 영어 1등급을 받는 학생도 따로 준비하지 않으면 토익 900점을 받는 것은 쉽지 않다.

정리하면, 900점 이상의 토익 성적을 받는다면 지방의 일부 대학들은 지원 가능하다. 서울의 몇 개 대학에서는 추가로 면접을 거쳐서 입학이 가능하다.

하지만 일부 제한적인 대학들만 이런 전형을 갖고 있으므로 토익 성적으로 대학을 가기보다는 영어 내신 점수 관리를 잘하거나, 정시로 대학을 가는 것이 더 유리하다. 중고등학교 단계에서 토익 성적은 자신의 영어 실력을 점검하거나 동기 부여 차원에서 이용하는 것이 현명하다.

Q23 영어를 잘해서 대학 가는 방법이 있나요?

영어를 탁월하게 잘해서 대학을 가는 방법이 있다. 초등학교부터 TEPS학원을 보내면서 영어 교육에 열을 올리는 가정에서는 이런 제도에 관심이 있을 것이다. '어학특기자전형'은 영어를 탁월하게 잘해서 대학을 가는 방법이다. 매년 선발인원이 감소하고 있지만 영어 실력이 탁월하다면 도전해볼 수 있는 전형이다.

최근에는 공인외국어성적보다는 학생부, 자기소개서, 활동보고서 등 지원자의 잠재력을 종합적으로 판단하는 방식으로 선발 방식이 변하고 있다. 영어 실력은 기본이고, 고등학교 3년 동안 활발한 활동을 한 지원자가 유리하다.

공인영어성적은 제출하지 않아도 된다. 2018년 기준으로 서울권에서 경희대, 이화여대, 한국외대, 한양대는 토익 점수 등을 제출하지 않는다. 어학특기자 전형은 토익 점수보다 더 깊이 있는 영어 실력을 요구한다.

경희대는 영어 면접을, 한양대는 외국어 에세이 평가를 실시한다. 영어 면접과 에세이 수준은 당연히 상당히 높다. 다른 과목 성적이 부족해도 영어만큼은 원어민 수준으로 구사할 수 있는 학생들이 주로 어학특기자전형에 지원하기 때문에 그들을 변별하는 시험의 수준은 높을 수밖에 없다.

영어 실력뿐 아니라 합격을 위해서는 서류평가에서 좋은 점수를 받아야 한다. 서류 평가는 학생부, 자기소개서, 활동자료 실적물을 종합적으로 평가해 점수를 부여한다. 학업역량, 전공적합성, 인성, 발전가능성 등을 평가한다.

활동자료 실적물은 자신의 활동을 정리한 자료로 A4 사이즈 규격으로 20장까지 제출할 수 있다. 토익이나 토플 등 공인어학성적은 포함할 수 없다. 여기에 10분 내외의 영어 면접도 더해진다.

정리하면, 어학특기자라는 것이 영어만 잘해서 합격할 수 있는 전형이 아니다. 토익이나 텝스 점수만 높으면 대학 입학이 보장되는 것으로 알고 있다면 사실이 아니다. 영어 어학특기자에 지원한다면 영어 실력에 더해 다양한 활동과 실적을 만들어야 한다.

주로 이 전형에 지원하는 학생들은 어린 시절 해외 거주 경험이 있어서 영어는 원어민 수준으로 구사하는데 국어, 수학 등 영어 외 과목 성적이 낮은 학생들이다. 영어 성적이 잘 나오고 다른 과목 성적들도 그와 비슷하게 준수하게 나온다면, 어학특기자보다 학생부종합전형으로 대학을 진학하는 것이 대입에 더 유리하다.

방탄소년단 UN연설문

My name is Kim Namjoon, also known as RM, the leader of the group BTS.

저는 김남준입니다. 그룹 BTS의 리더인 RM이라고도 합니다.

It is an incredible honor to be invited to an occasion with such significance for today's young generation.

지금 세대의 청년층에게 큰 의미가 있는 자리에 오늘 이렇게 초대받게 되어 대단히 큰 영광입니다.

Last November, BTS launched the Love Myself campaign with UNICEF built on our belief that true love first begins with loving myself.

작년 11월 방탄소년단은 유니세프와 함께 러브마이셀프 캠페인을 시작했습니다. 우리의 진정한 사랑은 나를 사랑하는 것부터 시작된다는 캠페인이었습니다.

We've been partnering with UNICEF's End Violence program to protect children and young people all over the world from violence.
우리는 유니세프의 'EndViolence'의 파트너로서 세계의 아동과 청년들에 대한 폭력을 종식시키기를 촉구했습니다.

And our fans have become a major part of this campaign with their action and with their enthusiasm. We truly have the best fans in the world.
우리의 팬들은 그들의 행동과 열정으로 이 캠페인의 가장 중요한 주체가 되어왔습니다. 우리는 세계 최고의 팬을 가지고 있다고 진심으로 이야기할 수 있습니다.

I'd like to begin by talking about myself.
저는 제 이야기부터 시작하려고 합니다.

I was born in Ilsan, a city near Seoul, South Korea. It is a really beautiful place with a lake, hills, and even an annual flower festival.

저는 대한민국의 일산, 서울 근교의 도시에서 태어났습니다.
호수와 동산이 있는, 심지어 매년 꽃축제가 열리는 아름다운 곳입니다.

I spent a very happy childhood there, and I was just an ordinary boy. I used to look up at the night sky and wonder, and I used to dream the dreams of a boy. I used to imagine that I was a super hero who could save the world.

저는 행복한 어린 시절을 일산에서 보냈고 평범한 남자아이로 자랐습니다. 저는 밤하늘을 보며 놀라움에 가득 찼었으며 소년이 가질 법한 꿈을 꾸었습니다. 저는 제가 세계를 구할 슈퍼히어로라고 생각하기도 했습니다.

In an intro to one of our early albums, there's a line that says, 'My heart stopped when I was maybe nine or ten.'

우리의 초기 음반의 인트로 트랙중 하나에는 이런 가사가 있습니다.
"아홉살 때 쯤 내 심장이 멈췄지"

Looking back, I think that's when I began to worry about what other people thought of me, and started seeing myself through their eyes.

되돌아보면, 그때 쯤 아마 다른 사람이 나를 어떻게 생각하는 지를 걱정하기 시작했던 것 같습니다. 그리고 타인의 눈으로 나를 바라보기 시작했습니다.

I stopped looking up at the night skies, the stars. I stopped daydreaming. Instead, I just tried to jam myself into the molds that other people made.

저는 더 이상 밤하늘과 별들을 올려다보지 않았고, 꿈을 꾸는 일도 멈추었습니다. 대신 다른 사람들이 만든 틀에 나를 욱여넣으려고 했습니다.

Soon, I began to shut out my own voice, and started to listen to the voices of others. No one called out my name, and neither did I. My heart stopped, and my eyes closed shut.

곧 저는 제 목소리를 내지 않기 시작했고 다른 사람의 말을 듣기 시작했습니다. 아무도 내 이름을 부르지 않았고, 제 자신 또한 마찬가지였습니다. 제 심장은 멈추었고 눈은 닫혀 버렸습니다.

So, like this, I, we, all lost our names. We became like ghosts.

이런 식으로 내가, 우리가, 이름을 잃고 유령이 되었습니다.

But I had one sensory, and that was music. There was a small voice inside of me that said, 'Wake up, man, and listen to yourself.'

제겐 음악이 유일한 피난처였습니다. 제 안에서 "일어나, 일어나서 네 목소리를 들어"라고 말하는 유일한 작은 목소리였습니다.

But it took me a long time to hear music calling my real name. Even after making the decision to join BTS, there were a lot of hurdles.

하지만 음악이 진정한 제 이름을 부르는 것을 듣기까지는 시간이 오래 걸렸습니다. 방탄소년단의 일원으로 함께하기로 결정한 후에도 수많은 장애물은 여전히 존재했습니다.

Some people may not believe, but most people thought we were hopeless. Sometimes I just wanted to quit. But I think I was very lucky that I didn't give it all up.

아마 믿지 않으시겠지만 대부분의 사람들이 우리 그룹엔 전혀 희망이 없다고 생각했습니다. 그리고 그만두고 싶었던 적도 있습니다. 그렇지만 모든 걸 포기하지 않아서 운이 좋은 사람이었다고 생각합니다.

And I'm sure that I, and we, will keep stumbling and falling like this.

단언컨대 나는, 우리는, 이렇게 앞으로도 실패할 것입니다.

BTS has become artists performing in those huge stadiums and selling millions of albums right now, but I am still an ordinary 24-year-old guy.

방탄소년단은 지금 대형 스태디움에서 공연하며 수백만 장의 표를 파는 가수로 성장했지만, 저는 여전히 평범한 스물 네 살의 청년입니다.

If there's anything that I achieved, it was only possible that I have my other BTS members right by my side, and because of the love and support that our ARMY fans all over the world make for us.

제가 어떤 성취를 이루어낸 것이 있다면, 그것은 다른 방탄소년단의 멤버들이 제 곁에 있었기 때문이고 전 세계 아미분들이 보내주신 사랑 때문에 가능했다 할 수밖에 없습니다.

And maybe I made a mistake yesterday, but yesterday's me is still me. Today, I am who I am with all of my faults and my mistakes. Tomorrow, I might be a tiny bit wiser, and that'll be me too.

아마 제가 어제 실수를 저질렀을지도 모르겠습니다. 그렇지만 그 어제의 나도 나입니다. 오늘의 나는 내가 만든 모든 실수와 함께하는 나 자신입니다. 내일의 나는 아마 오늘보다 아주 조금 더 현명해질지도 모르나, 그도 또한 나입니다.

These faults and mistakes are what I am, making up the brightest stars in the constellation of my life. I have come to love myself for who I am, for who I was, and for who I hope to become.

이런 실수와 결함이 나이고, 곧 내 삶의 별자리에 가장 빛나는 별들입니다. 나는 지금의 나 자신 그대로, 그리고 과거의 나와 미래에 내가 되고 싶은 나까지 모두 그대로 나를 사랑하는 법을 배웠습니다.

I'd like to say one last thing: After releasing our Love Yourself albums and launching the 'Love Myself' campaign, we started to hear remarkable stories from our fans all over the world. How our message helped them overcome their hardships in life and start loving themselves.

마지막으로 말씀드리고 싶습니다. Love Yourself 앨범을 발표하고 Love Myself 캠페인을 시작한 후, 우리 팬들은 우리의 메시지가 어떻게 그들의 어려움을 이겨내는 데에 도움이 되었는지 말해주었습니다.

Those stories constantly remind us of our responsibility.

방탄소년단의 책임에 대해서 계속해서 일깨워주는 것들이 바로 이 이야기들입니다.

So let's take all one more step. We have learned to love ourselves, so now I urge you to speak yourself.

모두 한 걸음을 앞으로 내딛읍시다. 우리는 <u>스스로</u>를 사랑하는 법을 배웠습니다. 따라서 이제, 여러분의 이야기를 해주셨으면 좋겠습니다.

I'd like to ask all of you, What is your name? What excites you and makes your heart beat? Tell me your story.

나는 여러분 모두에게 묻고 싶습니다. 여러분의 이름은 무엇입니까. 무엇이 당신을 설레게 하고 심장을 뛰게 합니까. 여러분의 이야기를 해주십시오.

I want to hear your voice, and I want to hear your conviction. No matter who you are, where you're from, your skin color, your gender identity, just speak yourself. Find your name and find your voice by speaking yourself.

여러분의 목소리를 듣고 싶습니다. 여러분의 증언을 듣고 싶습니다. 당신이 누구든, 어디에서 왔든, 피부색이 무엇이든, 성정체성이 무엇이든 간에 상관없이 여러분의 이야기를 해주십시오. 그래서 여러분의 이름을, 목소리를 찾으십시오.

I'm Kim Namjoon, and also RM of BTS. I am an idol, and I am an artist from a small town in Korea.

저는 김남준이고, 또한 비티에스의 알엠입니다. 저는 아이돌이고, 대한민국 작은 도시에서 온 아티스트입니다.

Like most people, I've made many and plenty mistakes in my life. I have many faults, and I have many more fears, but I'm going to embrace myself as hard as I can, and I'm starting to love myself gradually, just little by little.

많은 사람들과 같이 저도 실수를 많이 저질렀습니다. 제겐 결점도 많고 두려움은 더 많지만 할 수 있는 한 최대로 제 자신을 끌어안으려합니다. 그리고 조금씩 제 자신을 사랑할 수 있게 변화하고 있습니다.

What is your name? Speak yourself.
Thank you very much.
당신의 이름은 무엇입니까.
당신의 이야기를 들려주십시오.
대단히 감사합니다.

방탄소년단 RM의
유엔 본부 연설
동영상 바로가기

수능에 꼭 필요한 명문장 TOP 100

연번	문 장	
1	These evergreens often live for thousands of years.	#1형식
해석	이 상록수는 종종 수천 동안 산다.	
2	However, a question occurred to her one day.	#전치사구
해석	하지만 어느 날 그녀에게 한 질문이 떠올랐다.	
3	There are hundreds of great people to imitate and copy.	#there is
해석	흉내 내고 모방할 위대한 사람들이 수백 명이 있다.	
4	Journeys are the midwives of thought.	#2형식
해석	여행은 생각의 산파(産婆)이다.	
5	This last option, however, would require several years and much investment.	#3형식
해석	그러나 이 마지막 선택은 수간의 시간과 많은 투자를 필요로 할 것이다.	
6	His mathematical theory of heat conduction earned him lasting fame.	#4형식
해석	열전도에 대한 그의 수학적 이론은 그가 지속적인 명성을 얻게 해 주었다.	

7	Other teachers advised her to go on with something else.	#5형식
해석	다른 교사들은 그녀가 다른 것으로 진행하라고 충고했다.	
8	Psychologists call this avoidance training.	#5형식
해석	심리학자들은 이것을 회피 훈련이라고 부른다.	
9	Then I saw something approaching me in the water.	#5형식 #지각동사
해석	그 때 나는 뭔가가 물속에서 나를 향해 다가오고 있는 것을 보았다.	
10	Our eyes do not let us perceive with this kind of precision.	#5형식 #사역동사
해석	우리 눈은 우리가 이런 종류의 정확성을 가지고 지각하도록 해 주지는 않는다.	
11	You and your significant other are fighting.	#현재진행
해석	당신과 당신의 중요한 타인이 다투고 있다.	
12	Several girls were moving their bodies rhythmically.	#과거진행
해석	여자 아이들 여러 명이 리듬에 맞춰 몸을 움직이고 있었다.	
13	Individuals from extremely diverse backgrounds have learned to overlook their differences and live harmonious, loving lives together.	#현재완료
해석	완전히 다른 배경을 가진 개인들이 그들의 차이를 너그럽게 보고 조화롭고 사랑하는 삶을 함께 누리는 것을 배웠다.	
14	She'd long since gotten roasting pans in larger sizes and hadn't cut an end off since.	#과거완료
해석	그녀는 오래 전에 더 큰 사이즈의 구이용 팬들을 샀으며, 그 후로는 한쪽 끝을 자르지 않았다.	
15	Most of the systems in animal and human physiology are controlled by homeostasis.	#수동태
해석	동물과 사람의 생리 체계의 대부분은 항상성에 의해서 조절된다.	
16	At other angles, the image will be seen as a trapezoid.	#수동태 #미래시제
해석	다른 각도에서는 그 이미지가 사다리꼴로 보일 것이다.	

17	Policymaking is seen to be more objective when experts play a large role in the creation.	#수동태 #5형식
해석	전문가들이 정책을 만드는 큰 역할을 할 때 정책결정은 더욱 객관적인 것으로 간주될 수 있다.	
18	You must truly own this idea and incorporate it into your daily life.	#조동사
해석	당신은 진정으로 이 개념을 소유하고, 당신의 일상생활에 그것을 짜 넣어야 한다.	
19	The vanguard of such a migration must have been small in number and must have traveled comparatively light.	#조동사have p.p.
해석	이러한 이주의 선발대는 숫자가 매우 적었음에 틀림이 없고 비교적 짐을 가볍게 해서 다녔음에 틀림없다.	
20	That requires, of course, that his parents know where they themselves stand.	#주요명제 #should
해석	물론 그것은 그의 부모 스스로도 자신의 위치를 아는 것을 필요로 한다.	
21	You'll also learn to think on your feet and develop the eye of a photographer.	#to부정사 #명사적용법
해석	또한 당신은 스스로 생각하고 사진사의 안목을 기르는 것을 배울 것입니다.	
22	I was full of great plans to find success in this unknown land.	#to부정사 #형용사적용법
해석	나는 이 미지의 땅에서 성공을 찾고자 하는 많은 대단한 계획들을 세웠다.	
23	Scientists should be careful to reduce bias in their experiments.	#to부정사#부사적용법
해석	과학자들은 그들의 실험에서 편견을 줄이도록 조심해야 한다.	
24	It is understandable for him or her to assume that the dream was a premonition of that death.	#to부정사 #의미상의주어
해석	그 또는 그녀가 그 꿈이 그 죽음의 예고였다고 생각하는 것은 당연하다.	
25	Oil and gas resources are not likely to be impacted by climate change.	#to부정사 #수동태
해석	석유와 가스 자원은 기후 변화에 영향을 받지 않을 것이다.	

26	So, being full and feeling sated are separate matters.	#동명사#주어
해석	그러므로 배가 부르다는 것과 충분히 만족감을 느낀다는 것은 별개의 문제다.	
27	Looking through the camera lens made him detached from the scene.	#동명사#주어
해석	카메라 렌즈를 통해 바라보는 것은 그를 현장에서 분리되도록 만들어 버렸다.	
28	Thus, a key factor in high achievement is bouncing back from the low points.	#동명사#보어
해석	따라서 대성공에서 중요한 요인은 최악의 상태에서 회복하는 것이다.	
29	After correcting the picture the painter arranged a second preview.	#동명사 #전치사의 목적어
해석	그림을 손본 뒤 화가는 두 번째 시연을 마련했다.	
30	Some faulty electrical wiring led to a fire breaking out and eventually destroying an entire block of homes in the suburbs.	#동명사 #의미상의 주어
해석	결함 있는 전선으로 인해 불이 났고 결국에는 교외에 있는 한 블록의 집 전체를 파괴했습니다.	
31	Interestingly, being observed has two quite distinct effects on performance.	#동명사 #수동태
해석	흥미롭게도, 다른 누군가가 지켜보고 있다는 것은 수행에 2가지 매우 상이한 영향을 미친다.	
32	Researchers studied two mobile phone companies trying to solve a technological problem.	#현재분사
해석	연구원들이 기술적인 문제를 해결하려고 애쓰는 2개의 휴대 전화 회사를 연구했다.	
33	Seeds recovered at archaeological sites clearly show that farmers selected for larger seeds and thinner seed coats.	#과거분사
해석	고고학적 현장에서 발굴된 씨앗들은 농부들이 더 큰 씨앗과 더 얇은 껍질을 선택했다는 것을 명백히 보여준다.	
34	The locker rooms used for half-time breaks were reportedly painted to take advantage of the emotional impact of certain hues.	#과거분사
해석	하프타임 휴식 시간에 사용되는 라커룸들이 특정한 색조의 감정적 영향을 이용하기 위해서 칠해졌다고 한다.	

35	My dogs, Blue and Celeste, are still excited to go for a walk.	#감정분사
해석	내 개인 Blue와 Celeste는 산책을 여전히 산책을 나가고 싶어 안달이다.	
36	Warming may ease extreme environmental conditions, expanding the production frontier.	#분사구문 #현재분사
해석	온난화는 극한의 환경 조건을 완화하여, 생산 한계 지역을 넓혀 줄 수도 있다.	
37	Having returned to France, Fourier began his research on heat conduction.	#분사구문완료시제
해석	프랑스에 돌아왔을 때 Fourier는 열전도에 대한 그의 연구를 시작했다.	
38	The identical claim, expressed in two social contexts, may have different qualifiers.	#분사구문 #과거분사
해석	(서로 다른) 2개의 사회적 맥락에서 표현된 동일한 내용의 주장이 서로 다른 (주장을) 완화시키는 표현을 가질 수 있다.	
39	The ultimate life force lies in tiny cellular factories of energy, called mitochondria, that burn nearly all the oxygen we breathe in.	#분사구문 #과거분사
해석	궁극적인 생명력은 우리가 들이쉬는 거의 모든 산소를 태우는, 미토콘드리아라고 불리는 아주 작은 에너지 세포 공장에 있다.	
40	The latter constitutes a deliberate and voluntarily adopted discipline based on an appreciation of the benefits of doing so.	#분사숙어
해석	후자는 그렇게 하는 것이 가져오는 이점들을 이해하는 바탕에서 의도적이고 자발적으로 취해진 규율로 여겨진다.	
41	Biologists who study whale behavior generally have to be content with hanging around in boats, waiting for their subjects to surface.	#주격관계대명사
해석	고래의 행동을 연구하는 생물학자들은 그들의 관찰 대상이 수면으로 올라오는 것을 기다리면서 보트 안에서 거니는 것에 보통 만족해야만 한다.	
42	A bat that fails to feed for two nights is likely to die.	#주격관계대명사
해석	이틀 밤 동안 먹이를 먹지 못하는 박쥐는 죽을 가능성이 있다.	
43	It is because pollution was not recognized as a problem which engineers had to consider in their designs.	#목적격관계대 명사
해석	그것은 공학자들이 설계할 때 오염이 고려해야 했던 문제로서 인식되지 않았기 때문이다.	

44	Likewise, the person will tend to hold in esteem those whose conduct shows an abundance of the motivation required by the principle.	#소유격관계대명사
해석	마찬가지로, 그 사람은 그 원칙이 요구하는 동기가 풍부함을 보여주는 행동을 하는 사람을 존경하는 경향이 있을 것이다.	
45	The answer should be multi, which means 'more than one.'	#관계대명사 #계속적용법
해석	답은 '하나 이상'을 의미하는 multi일 것이다.	
46	What disturbs me is the idea that good behavior must be reinforced with incentives.	#관계대명사 what
해석	나를 혼란스럽게 하는 것은 좋은 행동이 자극으로 강화될 수 있다는 생각이다.	
47	They simply decide on a change they want and do what is necessary to accomplish it.	#관계대명사 what
해석	그들은 그저 자신이 원하는 변화를 결정하고 그것을 성취하는 데 필요한 것을 한다.	
48	The very trust that this apparent objectivity inspires is what makes maps such powerful carriers of ideology	#관계대명사 what
해석	이러한 외관상의 객관성이 불러일으키는 바로 그 신뢰성이 지도를 매우 강력한 이데올로기의 전달자로 만드는 것이다.	
49	But filming plays did not encourage the evolution of what truly was distinctive about a movie.	#관계대명사 what
해석	하지만 연극을 영화화하는 것은 영화의 진정한 독특한 발전을 조장하지 못했다.	
50	It also created an open-ended conversation among its engineers in which salespeople and designers were often included.	#전치사+관계대명사
해석	그 회사는 또한 판매원들과 디자이너들이 자주 포함되어 있는 기술자들 간의 제한 없는 대화를 만들었다.	
51	One of the worst moments was when he distributed a math test.	#관계부사when
해석	최악의 순간 중 하나는 그가 수학 시험지를 나누어줄 때였다.	
52	Remember that life is a game where there are multiple winners.	#관계부사where
해석	인생은 다수의 승리자가 있는 경기임을 명심하라.	

53	That's why the ability to recover quickly is so important.	#관계부사why
해석	그래서 신속히 회복하는 능력이 아주 중요하다.	
54	Confirmation bias is a term for the way the mind systematically avoids confronting contradiction.	#관계부사how
해석	확증편향은 정신이 모순된 사실에 직면하는 것을 조직적으로 회피하는 방식을 설명하는 용어이다.	
55	Grandpa got most of the materials for his little house from the Oakland docks, where he was working.	#관계부사 #계속적용법
해석	할아버지는 자신이 일하고 있었던 Oakland 부두에서 그의 자그마한 집을 위한 대부분의 자재를 구했다.	
56	That's when he decided to focus more on building positive attitudes within the classroom.	#관계부사
해석	그 때 그는 교실 안에서 긍정적인 태도를 기르는 것에 더 집중하기로 마음을 먹었다.	
57	Habitat diversity refers to the variety of places where life exists.	#관계부사
해석	서식지 다양성이란 생물이 존재하는 장소들의 다양성을 말하는 것이다.	
58	What its builders had not considered was that the advent of the railroad would assure the canal's instant downfall.	#관계대명사 what
해석	운하를 건설한 사람들이 고려하지 않았던 것은 철도의 출현이 분명히 운하의 즉각적인 쇠락을 가져올 것이라는 사실이었다.	
59	Garrett Hardin used the example of an area of pasture on which all the cattle-owners are permitted to graze their animals free of charge.	#전치사+관계대명사
해석	Garrett Hardin은 모든 가축 소유주들이 무료로 자신의 가축들을 방목할 수 있도록 허용되는 목초지의 예를 사용했다.	
60	The disadvantage is that the extra grazing contributes to the deterioration of the pasture.	#접속사that
해석	단점은 추가적인 방목은 목초지 악화의 원인이 된다는 것이다.	

61	Perhaps we should say of it what Spinoza said of regret: that whoever feels it is "twice unhappy or twice helpless."	#복합관계대명사
해석	아마도 우리는 스피노자가 후회에 대해 이야기한 말, 즉 누구든지 그것을 느끼는 자는 '두 배 불행하거나 두 배 무기력하다'는 말을 그것에 대해 이야기해야 할 것이다.	
62	Whatever you want to call it, he's in charge of the finances.	#복합관계대명사
해석	네가 그것을 뭐라고 부르길 원하든지, 그는 재정에 대한 책임이 있다.	
63	Whenever an Olympic swimmer sets a new world record, it inspires others to go beyond that achievement.	#복합관계부사
해석	한 명의 올림픽 수영 선수가 세계 신기록을 세울 때마다, 그것은 다른 사람들로 하여금 그 성취를 뛰어 넘도록 고취한다.	
64	The fact that the ground is wet and there are mud puddles dotting the landscape doesn't matter to the dogs.	#동격that
해석	땅이 젖어 있고 진흙 웅덩이가 여기저기 흩어져 있다는 사실은 그 개들에게 아무런 문제가 되질 않는다.	
65	He was wondering if it was better to put the cream on now, or wait till she arrived.	#접속사if
해석	그는 지금 크림을 얹는 것이 좋을지, 그녀가 도착할 때까지 기다리는 것이 좋을지 궁금했다.	
66	Psychologist Solomon Asch wanted to discover whether people's tendency to agree with their peers was stronger than their tendency toward independent thought.	#접속사whether
해석	심리학자 Solomon Asch는 사람들이 독립적인 사고와 이성적인 판단에 대한 성향보다 동료들에게 동의하려는 성향이 더 강한지 어떤지를 알고 싶었다.	
67	Until we have that evidence, it is better to believe that the assumption is false.	#접속사until
해석	우리가 그 증거를 갖게 될 때까지, 그 가정은 잘못되었다고 믿는 것이 더 낫다.	
68	As the students' attitudes became more optimistic, their confidence with math grew too.	#접속사as
해석	학생들의 태도가 더 낙관적이 되면서 수학에 대한 그들의 자신감도 늘었다.	

69	Even though the house was small, it didn't feel cramped.	#접속사even though
해석	집이 작기는 했지만, 답답하게 느껴지지는 않았다.	
70	Jeremy became so stressed that he even dreaded going into his classroom.	#접속사so–that
해석	Jeremy는 너무 스트레스를 받아서 그의 교실에 들어가는 것을 두려워하기까지 했다.	
71	Children who wear protective gear during their games have a tendency to take more physical risks.	#전치사
해석	게임을 하는 동안 보호 장구를 착용한 어린이들은 더 많은 신체적인 위험을 무릅쓰는 경향이 있다.	
72	By using this definition, it is easy to identify media as old or new.	#가주어
해석	이 정의를 사용하면 매체가 구식인지 신식인지를 구별하는 것이 쉽다.	
73	When there is no immediate danger, it is usually best to approve of the child's play without interfering.	#가주어
해석	당면한 위험이 없을 때는 간섭하지 말고 아이의 놀이를 인정해 주는 것이 대개 제일 좋다.	
74	It is not easy to show moral courage in the face of either indifference or opposition.	#가주어
해석	무관심이나 반대에 직면하여 도덕적 용기를 보여주기는 쉽지 않다.	
75	Technology makes it much easier to worsen a situation with a quick response.	#가목적어
해석	기술은 빠른 반응으로 상황을 악화시키는 것을 훨씬 더 쉽게 만든다.	
75	Thus, they repeatedly attempted to make it clear to their public that visiting the theater was not merely for the purpose of entertainment, but rather to draw lessons from the play offered onstage.	#가목적어
해석	따라서 그들은 일반 대중들에게 극장에 가는 것은 단지 즐기기 위한 목적뿐만 아니라 무대에 상연되고 있는 극으로부터 교훈을 얻어내는 것임을 분명히 하려고 반복적으로 시도했다.	

76	The number of researchers per 1,000 people in 2007 was twice as large as that in 1999.	#배수표현
해석	2007 경제 활동 인구 1,000명당 연구원의 수는 1999 경제 활동 인구 1,000명당 연구원의 수의 2배였다.	
77	For both rural and urban areas, the percentages of male children diagnosed with asthma were higher than those of female children for all the periods.	#비교급
해석	시골과 도시 지역 모두에서, 천식으로 진단받은 남자 아이들의 비율이 전체 기간 동안에 여자 아이들의 비율보다 더 높았다.	
78	In both years, the percentage of the young Americans who posted photos of themselves was the highest of all the categories.	#최상급
해석	두 해 모두에서, 자신들의 사진을 올린 젊은 미국인들의 비율이 모든 부문들 중에서 가장 높았다.	
79	One of the little understood paradoxes in communication is that the more difficult the word, the shorter the explanation.	#더비더비
해석	의사소통에 있어서 거의 잘 이해되지 않는 역설 중의 하나는 단어가 어려우면 어려울수록 설명은 더욱더 짧아진다는 것이다.	
80	Dissent was far more frequent in the high-performing clubs.	#비교급수식
해석	불일치는 높은 성과를 보여주는 클럽에서 훨씬 더 빈번했다.	
81	If I were to make an accurate drawing of this barn and put it in a show, I'm sure I would get all kinds of criticism for my poor perspective.	#가정법과거
해석	만약 내가 이 헛간을 정확하게 그려서 그것을 전시회에 내 놓는다면, 나는 형편없는 원근법 때문에 모든 종류의 비난을 받게 될 거라고 확신한다.	
82	It would not have spread so far, if our firefighters had been able to arrive at the scene in time.	#가정법과거완료
해석	소방대원들이 현장에 제때에 도착할 수 있었더라면 그렇게 멀리 퍼지지는 않았을 겁니다.	
83	If you walk after a meal, you may burn 15 percent more calories.	#부사절if
해석	식후에 걸으면 15%나 더 많은 칼로리를 소모할 수 있다.	

84	If they worked in a well-organized environment, they would be surprised at how much more productive they were.	#가정법과거
해석	만약 그들이 어느 정도의 시간 동안 잘 정돈된 환경 속에서 일을 해보게 된다면, 그들은 자신들이 얼마나 더 생산적인가에 놀라게 될 것이다.	
85	She wished all the memories would remain in her mind forever.	#가정법#wish
해석	그녀는 모든 추억거리가 자신의 마음속에 영원히 머물기를 바랐다.	
86	We anticipate the future as if we found it too slow in coming and we were trying to hurry it up.	#가정법#as if
해석	우리는 마치 미래가 너무 느리게 오고 있다고 생각해서 그것을 서둘러 오게 하려고 하는 것처럼 미래를 고대한다.	
87	Little did he know that he was fueling his son with a passion that would last for a lifetime.	#도치
해석	그는 아들에게 평생도록 계속될 열정을 불어 넣고 있다는 사실을 결코 알지 못했다.	
88	Next to the doll was a small box, also made of ivory, containing tiny combs and a silver mirror.	#도치
해석	그 인형 옆에는 역시 상아로 만들어진 작은 상자가 있었는데 작은 빗들과 은으로 만든 거울을 담고 있었다.	
89	For example, a mediator who 'takes sides' is likely to lose all credibility, as is an advocate who seeks to adopt a neutral position.	#도치
해석	예를 들어, '편을 드는' 중재자는 중간 입장을 취하려고 하는 옹호자가 그렇게 되듯이 모든 신뢰성을 잃게 된다.	
90	Around them were lots of wooden barrels and boards.	#도치
해석	그들 주위에 많은 나무로 된 통들과 널빤지들이 있었다.	
91	It is the fun that comes from cheering on our team while complaining about the opposing team's good luck.	#강조구문
해석	자신의 팀을 응원하고 그 팀의 기술에 찬사를 보내는 한편, 상대방 팀의 행운에 대해 불평하는 것들에서 생겨나는 것은 바로 즐거움이다.	

92	Some reasons might be to satisfy your hunger, to increase your sugar level, or just to have something to chew on.	#긴문장
해석	몇 가지 이유로는 배고픔을 만족시키기 위해서, 혈당을 증가시키기 위해서, 혹은 단지 씹어 먹을거리로서 일지 모른다.	
93	Furthermore, we make these judgements without being aware that physical attractiveness plays a role in the process.	#긴문장
해석	더군다나, 우리는 신체적인 매력이 그러한 과정에 역할을 담당한다는 인식 없이 이러한 판단을 한다.	
94	We try to support the present with the future and think of arranging things we cannot control, for a time we have no certainty of reaching.	#긴문장
해석	우리는 미래를 가지고 현재를 지탱하려고 하며, 우리가 도달할 확실성이 전혀 없는 시간을 위해 우리가 통제할 수 없는 것들을 조정하려고 생각한다.	
95	Fortunately, enrolling at the Hobbiton Institute of Photography is one of the easiest, most cost-effective ways to take your photography to the next level.	#긴문장
해석	다행히도 Hobbiton Institute of Photography에 등록하는 것은 당신의 사진술을 다음 수준으로 이끄는 가장 쉬우면서도, 비용 측면에서 가장 효율적인 방법 중의 하나이다.	
96	The approach most consistent with culturally responsive teaching is to first accept the dialect and then build on it.	#긴문장
해석	문화적으로 반응하는 가르침과 가장 일치하는 접근은 먼저 사투리를 인정한 다음 그것을 기초로 가르치는 것이다.	
97	Some people may indulge fantasies of violence by watching a film instead of working out those fantasies in real life.	#긴문장
해석	실제 삶 속에서 폭력에 대한 공상을 실행에 옮기는 대신 영화를 보면서 그러한 공상을 충족시키는 사람이 있을 수 있다.	
98	Instead, the child acquires the heritage of his culture by observing and imitating adults in such activities as rituals, hunts, festivals, cultivation, and harvesting.	#긴문장
해석	대신에, 아이는 의식, 사냥, 축제, 경작, 그리고 추수와 같은 활동에서 어른들을 관찰하고 흉내 냄으로써 문화유산을 획득한다.	

99	Giving people the latitude and flexibility to use their judgment and apply their talents rapidly accelerates progress.	#긴문장
해석	사람들에게 그들의 판단력을 사용하고 그들의 재능을 적용할 수 있는 자유와 융통성을 주는 것은 빠르게 발달을 가속화시킨다.	
100	One 35-year-old woman who used to rub her eyes with her hands until they became sore and infected found it helpful to put on make-up when she was tempted to rub.	#긴문장
해석	자신의 눈을 쓰라리고 종종 감염이 될 때까지 손으로 비비곤 했던 35세의 한 여성은 비비고 싶은 충동이 생길 때 화장을 하는 것이 도움이 된다는 것을 발견했다.	

기억에 2배로 오래 남는 영단어 암기비법

60일 만에 마스터하는 중학 필수 영단어 1200

정승익 지음 | 값 15,000원

중학생이라면 꼭 알아야 할 영단어를 60일이면 효과적으로 외울 수 있는 단어 학습서다. 30일까지의 단어를 31일부터 60일까지 다시 한 번 반복해서 자연스럽게 같은 단어를 2번 외울 수 있도록 구성했다. 책으로만 공부하기 힘들다면 QR코드로 제공하는 10년 차 영어 교사인 저자의 무료 음성 강의를 들으면 된다. 몇 번 읽는 것만으로도 단어가 기억에 남는 이 책으로 중학교 영단어를 정복해보자

문법과 숙어를 동시에 잡는 일석이조의 암기책

한 권으로 영포자를 탈출하는 중학 필수 영숙어 1200

정승익 지음 | 값 15,000원

영어를 가장 영어답게 암기하는 콜로케이션을 활용한 영숙어 학습서다. 이 책은 총 60일 차로 구성되어 있으며 중학 영숙어 600개와 고등 영숙어 600개, 이렇게 총 1,200개의 영숙어를 한 권에 담아 중·고등학교 영어 내신에 대비할 수 있게 했다. 또한 각 일차마다 중학생이라면 꼭 알아야 할 핵심 영문법을 꼼꼼히 정리해 숙어와 문법을 한 번에 익힐 수 있다. 영숙어를 암기하면서 영어 공부의 재미를 느끼고 싶다면 이 책을 읽어보자.

수능 영어의 기초를 잡아주는 영단어 암기비법

60일 만에 마스터하는 수능 필수 영단어 1200

정승익 지음 | 값 15,000원

수능을 준비하는 학생이라면 반드시 알아야 하는 1,200개 영단어를 60일 동안 효과적으로 외울 수 있게 구성된 학습서다. 수능에 빈출된 단어를 콜로케이션과 다양한 예문을 통해 암기할 수 있다. 30일까지의 단어를 31일부터 60일까지 다시 한 번 반복해 자연스럽게 같은 단어를 2번 외울 수 있다. 효과적인 학습을 위해 QR코드로 저자의 무료 음성 강의를 제공한다. 가장 효율적인 방법으로 암기를 돕는 이 책으로 수능 영단어를 정복해보자.

하루 10분, 100일이면 영어에 자신감이 생긴다

10대를 위한 영어 3줄 일기

정승익 지음 | 값 14,000원

입시용 영어가 아닌 원어민의 생생한 표현과 단어를 접할 수 있는 책이다. '입시 영어' 틀에 갇혀 있는 학생들이 좀더 자유롭고 재미있게 영어를 공부할 수 있기를 바라는 저자의 마음이 담겨있다. 샘플 일기를 따라 쓰면서, 또 자신만의 일기를 쓰면서 이 책을 자신의 글씨들로 가득 채워볼 수 있다. 생소한 단어와 표현, 어려운 문법도 쉽게 이해할 수 있으며, 샘플 답변과 자신만의 일기를 쓸 수 있어 복습은 물론 작문 연습도 할 수 있다.

중학생이라면 꼭 알아야 할 교과서 영문법

30일 만에 마스터하는 중학교 왕초보 영문법

전나리 지음 | 값 15,000원

이 책은 예비 중학생들을 비롯해 기초 영문법의 개념을 잡고 싶은 학생들을 위해 가장 기본이 되는 핵심 문법을 설명해주는 영어 학습서다. 이제 막 중학교 영어 공부를 시작하는 학생들이 영문법의 기본기를 탄탄히 다질 수 있도록 꼭 알아야 할 영문법의 기본 개념을 쉽고 재미있게 설명한다. 자신의 영어 실력이 걱정되어 두려운 마음이 앞선다면 이 책으로 영문법의 기초를 잡아가고 영어 공부에 재미를 느껴보자.

중학생이라면 꼭 알아야 할 교과서 영어

30일 만에 마스터하는 중학교 영어

박병륜 지음 | 값 16,000원

이 책은 중학생이라면 꼭 알아야 할 개념을 담은 중학교 영어 학습서다. 현재 중학교 교육과정을 반영해 실제 중학교 영어 교과서에 수록된 모든 내용들이 담겨 있다. 따라서 학생들은 이 책을 학교 수업과 병행해 사용할 수 있다. 또한 저자는 학생들을 위해 본문에 다채로운 일러스트를 넣고 마치 옆에서 직접 가르쳐주는 듯한 입말로 내용을 설명한다. 현직 교사가 집필한 이 책으로 멀고 먼 영어공부의 첫발을 가볍게 내딛어보자.

세상에서 가장 재미있는 중학교 국어 어휘 이야기

중학생이라면 꼭 알아야 할 필수 국어 어휘 500

송호순 지음 | 값 15,000원

부족한 어휘력으로 고생하고 있는 중학생들이 어휘를 재미있게 공부할 수 있는 책이다. 이 책은 중학교 1·2·3학년 국어 교과서에 나오는 한자어 중에 이해하기 힘든 핵심 개념어들을 엄선해 담았다. 어렵게만 느껴지는 한자어이지만 상위권이 되려면 결코 포기해서는 안 된다. 재미있게 공부하고 싶다면 한자가 가지고 있는 본뜻을 바탕으로 쉽게 개념어를 설명하고 어휘력을 키울 수 있는 이 책과 함께하자.

확실하게 수학 공부 잘하는 법

최강의 수학 공부법

조규범 지음 | 값 15,000원

20년 넘게 학교 교육현장에서 학생들에게 수학을 가르치는 수학교사인 저자는, 자신만의 수학 공부법을 갖게 하는 것이 최강의 수학 공부법이라고 말한다. 이 책에는 수학을 잘하는 학생들의 공통점과 학생들에게 꼭 필요한 효율적인 수학 공부법을 담았다. 수학 공부를 열심히 하고 싶은데 무엇을 어떻게 해야 할지 모르는 학생들이나, 열심히 공부하는데도 좋은 결과로 연결되지 않는 학생들에게 방향을 제시해준다.

■ **독자 여러분의 소중한 원고를 기다립니다** ─────────────

메이트북스는 독자 여러분의 소중한 원고를 기다리고 있습니다. 집필을 끝냈거나 집필중인 원고가 있
으신 분은 khg0109@hanmail.net으로 원고의 간단한 기획의도와 개요, 연락처 등과 함께 보내주시면
최대한 빨리 검토한 후에 연락드리겠습니다. 머뭇거리지 마시고 언제라도 메이트북스의 문을 두드리시
면 반갑게 맞이하겠습니다.

■ **메이트북스 SNS는 보물창고입니다** ─────────────

메이트북스 홈페이지 www.matebooks.co.kr

책에 대한 칼럼 및 신간정보, 베스트셀러 및 스테디셀러 정보뿐
만 아니라 저자의 인터뷰 및 책 소개 동영상을 보실 수 있습니다.

메이트북스 유튜브 bit.ly/2qXrcUb

활발하게 업로드되는 저자의 인터뷰, 책 소개 동영상을 통해 책
에서는 접할 수 없었던 입체적인 정보들을 경험하실 수 있습니다.

메이트북스 블로그 blog.naver.com/1n1media

1분 전문가 칼럼, 화제의 책, 화제의 동영상 등 독자 여러분을 위
해 다양한 콘텐츠를 매일 올리고 있습니다.

메이트북스 네이버 포스트 post.naver.com/1n1media

도서 내용을 재구성해 만든 블로그형, 카드뉴스형 포스트를 통해
유익하고 통찰력 있는 정보들을 경험하실 수 있습니다.

메이트북스 인스타그램 instagram.com/matebooks2

신간정보와 책 내용을 재구성한 카드뉴스, 동영상이 가득합니다.
각종 도서 이벤트들을 진행하니 많은 참여 바랍니다.

메이트북스 페이스북 facebook.com/matebooks

신간정보와 책 내용을 재구성한 카드뉴스, 동영상이 가득합니다.
팔로우를 하시면 편하게 글들을 받으실 수 있습니다.

STEP 1. 네이버 검색창 옆의 카메라 모양 아이콘을 누르세요.　　STEP 2. 스마트렌즈를 통해 각 QR코드를 스캔하시면 됩니다.
STEP 3. 팝업창을 누르시면 메이트북스의 SNS가 나옵니다.